Redigindo
textos
empresariais
na era
digital_

Redigindo textos empresariais na era digital_

Saulo César Paulino e Silva

conselho editorial
Dr. Ivo José Both (presidente)
Drª. Elena Godoy
Dr. Nelson Luís Dias
Dr. Neri dos Santos
Dr. Ulf Gregor Baranow

editor-chefe
Lindsay Azambuja

editor-assistente
Ariadne Nunes Wenger

editor de arte
Raphael Bernadelli

preparação de originais
Keila Nunes Moreira

capa e projeto gráfico
Mayra Yoshizawa

iconografia
Sandra Sebastião

EDITORA
intersaberes

Rua Clara Vendramin, 58
Mossunguê . CEP 81200-170
Curitiba . PR . Brasil
Fone: (41) 2106-4170
www.intersaberes.com
editora@editorraintersaberes.com.br

Dados Internacionais de Catalogação na Publicação (CIP)
(Câmara Brasileira do Livro, SP, Brasil)

Silva, Saulo César Paulino e
  Redigindo textos empresariais na era digital / Saulo César Paulino e Silva. – Curitiba: InterSaberes, 2012.

  Bibliografia
  ISBN 978-85-8212-701-8

  1. Comunicação na empresa 2. Comunicações digitais 3. Correspondência comercial 4. Escrita 5. Internet (Rede de computador) 6. Redação comercial 7. Textos I. Título.

12-11931   CDD-808.066651

Índice para catálogo sistemático:
1. Redação empresarial 808.066651

Foi feito o depósito legal.

Informamos que é de inteira responsabilidade do autor a emissão de conceitos.

Nenhuma parte desta publicação poderá ser reproduzida por qualquer meio ou forma sem a prévia autorização da Editora InterSaberes.

A violação dos direitos autorais é crime estabelecido na Lei nº 9.610/1998 e punido pelo art. 184 do Código Penal.

1ª edição, 2012.

_Sumário

_Apresentação 9
_Introdução 11

1. A comunicação escrita nas empresas_ 13
   1.1 O moderno texto empresarial e suas
       características gerais 14
   1.2 Expressões cristalizadas que causam prejuízos 15
   1.3 Os diferentes níveis de linguagem 19
   1.4 Jargão técnico fora de contexto 23

2. Técnicas de organização textual_ 29
   2.1 Primeira técnica: fixação do objetivo 30
   2.2 Segunda técnica: identificação da ideia-núcleo 32

2.3 A objetividade 38

2.4 A concisão 40

2.5 A técnica de redução 41

3. Do saber partilhado à informação nova_ 47

3.1 A língua portuguesa e o moderno texto empresarial 48

3.2 Estabelecendo critérios 48

3.3 Do saber partilhado ao novo saber 54

3.4 Texto empresarial: os critérios de planejamento e a informação nova 58

4. Intencionalidade e coerência textual_ 65

4.1 A coerência 66

5. A gramática normativa e o texto empresarial_ 79

5.1 A pontuação 80

5.2 Colocação pronominal 89

5.3 Vozes do verbo 96

5.4 Dez erros gramaticais mais comuns 97

6. O conceito e a superestrutura de alguns textos administrativos e empresariais_ 107

6.1 Ata 108

6.2 Atestado 111

6.3 Aviso 113

6.4 Bilhete 117

6.5 Circular 118

6.6 Convocação 120

6.7 Declaração 122

6.8 Procuração 124

6.9 Recibo 126

6.10 Requerimento 127

_Considerações finais 131

_Referências 133

_Exercícios comentados 135

_Sobre o autor 151

_Apresentação

O livro *Redigindo textos empresariais na era digital* é o resultado da soma das minhas experiências em mais de 20 anos no ensino de Língua Portuguesa e de Redação Empresarial, ambas no ensino superior, com o aprofundamento de estudos teóricos desenvolvidos em pesquisas de mestrado e doutorado.

A obra está organizada em seis capítulos, com os conteúdos distribuídos da seguinte forma: no primeiro capítulo, são desenvolvidos os conceitos sobre o moderno texto empresarial, que envolvem, por exemplo, o estudo de algumas expressões; os diferentes níveis de linguagem e, por fim, os jargões técnicos fora de contexto. No segundo capítulo, são estudadas duas técnicas para a organização do texto: a fixação do objetivo e a identificação da ideia-núcleo, além da objetividade, da concisão e da técnica de redução. O terceiro capítulo apresenta o seguinte conteúdo: a língua portuguesa e o moderno texto empresarial e os critérios para o planejamento deste com base no conhecimento prévio.

No quarto capítulo, são aprofundados os conceitos referentes à intenção do autor ao redigir determinado texto e à organização interna do texto garantida pela coerência. No quinto capítulo, são estudados os seguintes elementos gramaticais: pontuação, colocação pronominal e vozes do verbo. Além disso, são esboçados os dez erros mais comuns do ato de redigir textos empresariais. No sexto e último capítulo, são apresentados os principais gêneros textuais utilizados nas empresas e uma análise de sua organização macroestrutural. Em linguagem simples, porém cuidadosa, a obra apresenta para o leitor interessado na produção e organização de textos empresariais a necessidade de se redigir textos e documentos eficazes em um contexto organizacional no qual a tecnologia passa a ser uma das principais referências comunicacionais. Tomando-se por base as linhas teóricas da linguística textual, da linguística aplicada e do domínio da norma culta, são desenvolvidos conceitos-chave de superestrutura e organização das informações textuais, priorizando-se a construção de mensagens claras, objetivas e, consequentemente, eficazes. Essas são, segundo o conteúdo desenvolvido ao longo do livro, as principais características do moderno texto empresarial que garantirão o *feedback* esperado e tão necessário no competitivo mundo globalizado.

_Introdução

A evolução tecnológica observada nos últimos anos tem influenciado diretamente a maneira como as pessoas se comunicam e interagem. Por exemplo: tornou-se lugar-comum falar ou escrever – em tempo real – para um interlocutor que se encontra a quilômetros de distância. Essa é uma tendência irreversível que, cada vez mais, aperfeiçoa-se, criando novos canais de comunicação, particularmente no campo da informática.

Partindo-se dessa perspectiva, é possível observar que as distâncias geográficas foram superadas pela realidade virtual; as fronteiras e as economias fundiram-se em um movimento global no qual a comunicação passou a acontecer em tempo real.

Esse cenário atinge diretamente o mundo das empresas, pois a velocidade na troca de informações passou a ter papel fundamental no planejamento e na tomada de decisões. O sucesso em diferentes segmentos – como fechamento de contratos, venda de produtos, oferta de serviços, entre outros – está relacionado com os investimentos em comunicação. Assim, para que as empresas sobrevivam em um mercado cada vez mais competitivo, é vital o aperfeiçoamento dos sistemas comunicacionais nos ambientes externos ou internos, utilizando-se as diferentes redes sociais ou, ainda, desenvolvendo sistemas de intranet.

Contextualizando-se a comunicação escrita, particularmente a redação empresarial, como uma importante ferramenta para a concretização de negócios, ela precisará estar sintonizada com todas essas mudanças. Um texto mal organizado, incoerente, com erros gramaticais, linguagem desatualizada e ambígua certamente dificultará sua interpretação, podendo gerar prejuízos incalculáveis.

A moderna redação empresarial, para alcançar um resultado eficaz, deverá apresentar, entre outras características, uma linguagem clara, objetiva e concisa.

Portanto, sem a pretensão de esgotar o assunto, esta obra tem como objetivo principal apresentar estratégias que permitam a redação de textos empresariais e administrativos eficazes, em uma sociedade onde realidade e virtualidade parecem se fundir em uma nova era tecnológica e comunicacional.

1

A comunicação escrita nas empresas_

A escrita é a organização e a representação do pensamento por meio do uso de signos verbais. Trata-se do resultado de um complexo processo cognitivo associado a um determinado contexto sociocultural.

Para os profissionais que lidam diariamente com a produção escrita, não são novidades as dificuldades encontradas no momento de se redigir um determinado documento (texto). As dúvidas são muitas e, frequentemente, acabam dificultando a estruturação e a organização dos textos.

Por que isso acontece?

Diversos são os fatores, mas, nesta obra, serão pontuados alguns que servirão para uma proposição reflexiva. Partindo-se do conceito de que a linguagem verbal (escrita ou falada) é uma das muitas formas de comunicação, o texto, para ser eficaz – ou seja, para que consiga passar uma mensagem, obtendo *feedback* –, deverá apresentar características próprias, como: unidade, objetividade, concisão, coesão, coerência, entre outras.

Algumas das principais características do moderno texto empresarial serão apresentadas e desenvolvidas com mais profundidade no próximo tópico.

1.1
O moderno texto empresarial e suas características gerais

Atualmente, há uma tendência para a modernização da linguagem nos textos empresariais. Dessa maneira, pode-se perguntar: Por que esse fenômeno acontece? Será que todas as organizações seguem essa tendência?

Inicialmente, é preciso voltar no tempo, mais precisamente ao fim da década de 1970, pois nesse momento o mercado se tornou muito mais competitivo, segundo Gold (2005).

Partindo-se dessa perspectiva, pode-se dizer que aquele contexto influenciou a linguagem do moderno texto empresarial, tornando-a mais objetiva e concisa, pois o fator tempo passou a ser decisivo na tomada de decisões, como nas seguintes situações: compra e venda de produtos, fechamento de contratos, entre outras operações comerciais. Portanto, a máxima popular "tempo é dinheiro" ilustra bem esse momento, pois a perda de tempo com mensagens mal elaboradas, prolixas e excessivamente rebuscadas passou a ser concebida como fator gerador de prejuízo para as empresas.

1.2

Expressões cristalizadas que causam prejuízos

Como visto há pouco, a partir dos anos 1970, o mercado se tornou mais competitivo, influenciando a linguagem do moderno texto empresarial. Até aquele período, pode-se inferir que a cultura dos textos empresariais valorizava o uso de uma linguagem **prolixa**, tendo como base o excesso de formalismo que denotaria erudição e certo *status* social.

Essa construção textual rebuscada era também marcada por períodos longos e frases intercaladas, que, ao invés de facilitar, dificultavam a leitura, criando uma mensagem truncada e de difícil compreensão.

É importante frisar que esse rebuscamento não significava que havia erros de escrita, como, por exemplo, o emprego inadequado das normas gramaticais. No entanto, comprometia a objetividade no processo de comunicação entre empresas e clientes, tornando a comunicação ineficaz.

Essa situação ainda é muito comum em textos empresariais modernos. Por essa razão, torna-se necessário chamar a atenção do leitor para alguns fatores que ainda contribuem para tornar a linguagem dos textos menos objetiva e, consequentemente, pouco eficaz.

A seguir, serão comentados alguns pontos relevantes a esse respeito.

1.2.1

Excesso de formalismo

O excesso de formalismo define-se como: dizer de modo complexo algo que poderia ser dito de maneira mais simples e direta. Alguns textos empresariais pesquisados para este estudo apresentavam uma linguagem muito formal, mais parecida com a utilizada em peças literárias.

Essa característica é oriunda de uma cultura que, historicamente, valorizava a **forma** em detrimento do conteúdo, herdada do período barroco, traduzindo-se, portanto, em sinônimo de erudição. O escrever "difícil" garantiria ao autor do texto destacado "respeito" social.

Por exemplo, na abertura de cartas comerciais, era comum o emprego de expressões como: "Ilustríssimos Senhores" ou "Venho por meio desta".

Hoje, no mundo das organizações, essa é a receita certa para o fracasso, porque não há espaço para excessos linguísticos em um contexto mercadológico que demanda a cada segundo uma informação nova, objetiva e eficaz para a rápida tomada de decisões.

1.2.2

Chavões

Entende-se por *chavões* as expressões ultrapassadas, antiquadas, porém ainda presentes no repertório vocabular dos

A comunicação escrita nas empresas

textos empresariais. São expressões vazias de significado e, muitas vezes, empregadas como uma espécie de "adorno", o que compromete a eficácia do texto. Palavras como: *outrossim, debalde, destarte, sem mais para o momento, venho através desta, pela presente, acusamos, reiteramos os protestos de elevada estima e consideração, sem mais para o momento* não têm relevância quando empregadas e podem ser suprimidas para que a mensagem atinja o seu objetivo: passar uma informação de forma clara e rápida.

1.2.3

Tautologias

Consistem na repetição de uma mesma ideia com palavras diferentes. O uso da tautologia revela redundância e pobreza vocabular, comprometendo a objetividade. Um texto se expande quando as suas ideias vão se somando, acrescentando novos conteúdos para formar um todo, sem truncamentos e repetições desnecessárias.

Observe os exemplos a seguir:

Com tautologia

Nesta reunião, concretizou-se um elo de ligação entre a nossa marca e os consumidores. Esse é um fato real que aponta as necessidades da oferta de produtos e serviços.

Sem tautologia

Nesta reunião, concretizou-se um elo entre a nossa marca e os consumidores. Esse é um fato que aponta as necessidades da oferta de produtos e serviços.

Justificativa

A palavra *elo* em si significa "ligação". Portanto, torna-se redundante dizer que há uma "elo de ligação"; e todo fato pressupõe um acontecimento já terminado, sendo, portanto, real.

A seguir, há exemplos de tautologias muito comuns que devem ser evitadas:

- A grande maioria.
- A última versão definitiva.
- Acabamento final.
- Anexo junto à carta.
- Certeza absoluta.
- Conviver junto.
- Encarar de frente.
- Entrar para dentro.
- Expressamente proibido.
- Gritar alto.
- Metades iguais.
- Outra alternativa.
- Quantia exata.
- Sair para fora.
- Subir para cima.
- Voltar para trás.

1.3
Os diferentes níveis de linguagem

Primeiramente, foram apresentados alguns fatores que podem comprometer a eficácia do texto, deixando a mensagem prolixa e sem objetividade. Mas há outros pontos importantes que devem ser identificados no sentido de melhorar a comunicação escrita nas empresas. Por exemplo, ao redigir, deve-se estar atento para o uso **culto** e o **informal** (coloquial). Entende-se por *nível formal* aquele adequado à exigência gramatical (ou normativa) da língua (falada ou escrita), como a concordância verbal e a nominal, a colocação dos pronomes relacionada às situações de ênclise, próclise e mesóclise, entre outras.

Porém é preciso alertar o leitor para não confundir formalidade com rebuscamento ou sofisticação. O emprego dos diferentes níveis de linguagem está associado à situação que envolve o ato comunicativo, ou seja, ao **contexto**.

Observe os exemplos a seguir:

Nível formal fora de contexto

"Tomaremos café no decorrer do intervalo de nossa reunião?".

Você falaria assim com um amigo no intervalo de uma reunião em sua empresa? Muito provavelmente não, pois uma conversa entre amigos pressupõe certo grau de intimidade e o uso de informalidade.

> **Nível informal contextualizado**
>
> "Cê vai tomá um café?".
>
> Esse exemplo está mais próximo de nossa realidade cotidiana, pois não há qualquer rigor gramatical no uso do pronome "Cê" (você) ou da flexão no verbo da locução (irá tomar) "vai tomá".

1.3.1

O uso da internet e a linguagem informal

A utilização de novos canais de comunicação, como a internet, facilitou a interação entre as pessoas, as empresas e a sociedade de uma maneira geral. Nesse contexto, cada vez mais o mundo corporativo se utiliza de novas ferramentas oferecidas pelo mundo virtual para vender, comprar, fechar negócios, importar, exportar, entre tantas outras atividades. *Blogs*, *sites* e redes sociais vêm impulsionando e acirrando a competitividade do mercado. Por isso, esses canais passaram a ser considerados **ferramentas estratégicas** do ponto de vista da "sobrevivência" da marca, do produto e do serviço oferecidos. A esse respeito, Terra (2008) afirma que a empresa, ao adotar, por exemplo, um *blog* como um instrumento de comunicação, acrescenta como vantagens o aumento da visibilidade da marca e a credibilidade, na construção de uma imagem altamente positiva.

A comunicação escrita nas empresas

Nessa perspectiva, é fundamental chamar a atenção do leitor para a necessidade de se tomar certas cautelas no momento de utilizar esses canais. É comum as pessoas se comunicarem no ambiente virtual profissional empregando uma linguagem coloquial, comum nas conversas do dia a dia. Portanto, ao se comunicar no ambiente virtual profissional, seja por meio do envio de um *e-mail*, seja no preenchimento de formulários *on-line*, entre outros, o profissional deve empregar um nível de linguagem **formal**, porém sem excessos. Isso contribuirá, certamente, para a construção de uma imagem corporativa positiva tanto do profissional quanto da empresa, garantindo a sua credibilidade.

A mensagem a seguir, enviada por uma funcionária por meio de correio eletrônico, exemplifica o uso de uma linguagem coloquial e inadequada:

Para: recursos_humanos@3xt.com.br
Assunto: Viagem

O objetivo da minha ida a Curitiba era capacitar 11 pessoas. Só que eu treinei somente três colaboradores, lá o sistema é difícil para procurar. Das 16 horas que eu fiquei no local para cumprir a minha obrigação, com certeza era o que devia fazer, quando foi solicitado um treinamento e ele foi atendido por parte porque só consegui no segundo dia 4 horas direto, das 8 às 12 horas e no primeiro dia consegui nas quatro primeiras horas caindo o sistema foram 02 colaboradores, à tarde só problemas.

LU

Analisando-se o texto, fica difícil para o leitor identificar qual é o objetivo da mensagem, pois ela está mal organizada e ambígua. Durante a leitura, pode-se questionar: Uma empresa séria contrataria uma funcionária que escreve um texto tão confuso?

A informalidade excessiva da mensagem compromete a sua estrutura e, consequentemente, a sua coerência e eficácia, além de "arranhar a imagem da empresa". Portanto, ficam sem respostas algumas questões como:

— O título da mensagem esclarece antecipadamente o leitor sobre o assunto?
— As 11 pessoas estão relacionadas com o treinamento da empresa?
— Quantas pessoas foram efetivamente treinadas?
— O sistema dificulta procurar o quê?

Observe a mesma mensagem **reorganizada**.

Para: recursos_humanos@3xt.com.br
Assunto: Viagem para treinamento de nossa nova equipe de vendas

Sr. Diretor

O objetivo da minha ida a Curitiba era treinar 11 colaboradores. Porém, por motivos técnicos, relacionados ao sistema de dados cadastrais, foi possível instruir 01 colaborador no primeiro dia e 02 no segundo.

Aguardo novas instruções.

Lúcia Helena Silveira
Gerente de Recursos Humanos

Realizando uma breve análise do texto reorganizado, pode-se responder às perguntas sem qualquer dificuldade. Observe:

— O título da mensagem esclarece antecipadamente o leitor sobre o assunto?

Sim, pois fica claro que a viagem era para um treinamento de equipe de vendas da empresa.

— Seriam treinadas 11 pessoas ligadas à empresa?

Sim, 11 colaboradores.

— O sistema dificulta a procura de quê?

Dos dados cadastrais.

— Afinal, quantos colaboradores foram instruídos?

Foram treinados 03 colaboradores; 01 no primeiro dia e 02 no segundo.

1.4

Jargão técnico fora de contexto

Jargão técnico é a definição para palavras e expressões utilizadas em um determinado grupo profissional. Por exemplo: Quando é possível perceber que duas pessoas, ao conversarem, são economistas ou exercem atividades relacionadas com a área financeira? Ao analisar o diálogo entre elas, provavelmente serão identificadas palavras e expressões como: *câmbio, bolsa, investimentos, dólar, aplicações, resgates*, entre outras.

No mundo das empresas, pode-se pensar da mesma forma. Ao se redigir um documento, interno ou externo, deve-se observar se este foi endereçado para um leitor familiarizado com o assunto ou não. Dependendo dos destinatários, o cuidado vocabular é fundamental para que a mensagem seja lida e entendida, proporcionando *feedback*.

Lendo-se o texto a seguir, pode-se afirmar que ele foi direcionado para um leitor familiarizado com o assunto?

Comunicado

Conforme decisão em nossa última reunião, a partir do dia 01 outubro de 2011, todos os funcionários e colaboradores deverão portar crachá de identificação nas dependências internas e externas.

Gerência Geral

A leitura revela que o texto foi elaborado para um leitor específico, um público interno, pois passa uma informação clara e objetiva a respeito de uma decisão administrativa tomada em uma determinada reunião.

Pressupõe-se que o leitor tenha conhecimento a respeito de quando e onde ocorreu essa reunião, assim como do assunto tratado.

Por outro lado, se essa mensagem fosse destinada a um público externo, estaria organizada de outra forma.

Observe:

Aviso ao público

Por motivos de segurança, a partir do dia 01 de outubro de 2009, será obrigatória a identificação na portaria e o uso do crachá provisório em todas as dependências do prédio.

Gerência Geral

1 A comunicação escrita nas empresas

Esse leitor não sabe que houve uma reunião e quais os assuntos discutidos nela. Apenas é informado sobre uma decisão que resultou na obrigatoriedade da identificação e do uso do crachá a partir de uma data específica.

A seguir serão apresentados exercícios que retomam o assunto desenvolvido neste capítulo. As atividades têm como objetivos principais rememorar alguns dos conceitos estudados e propor uma reflexão crítica a respeito da construção de textos empresariais eficazes no contexto da era global.

Exercícios

1. Ao escrever, quais são as principais dúvidas que surgem? Faça uma relação e procure refletir sobre elas, associando-as ao conteúdo estudado.

2. De acordo com a sua leitura, por que as organizações passaram a trabalhar com uma linguagem mais objetiva?

3. O que é um texto eficaz?

4. Qual fator forçou mudanças na linguagem do texto empresarial moderno?

5. Por que, durante muito tempo, valorizou-se a escrita rebuscada na cultura empresarial brasileira? Responda com suas palavras, com base em sua leitura.

6. O que é verbosidade?

7. Qual é a definição para chavões? Responda com suas palavras.

8. Qual é a definição de tautologia?

9. O coloquialismo está relacionado a qual nível de linguagem? Responda com suas palavras.

10. Leia o texto a seguir e diga se a linguagem é rebuscada, ou seja, se é excessivamente formal. Justifique sua resposta.

São Paulo, 03 de outubro de 2011.

Ilustríssimos Senhores,
Tornar-se-á necessária a redesignação da reunião para uma data mais propícia. De acordo com nosso calendário, teríamos, em tese, o próximo dia 15 do corrente mês.

Desde já agradecemos a atenção de V. Sas.

João Paulo Lopes
Diretor Regional

2

Técnicas de organização textual_

O estudo deste capítulo tem como objetivo discutir a necessidade de aprimoramento de algumas técnicas para a organização de um texto. Torna-se necessário, primeiramente, que se desfaçam alguns **mitos** como aquele em que somente os "eleitos" e os "gênios" teriam o "dom" de saber escrever. Partindo-se do princípio de que escrever e ler são ações cognitivas, culturais e também sociais, deve-se considerar que alguns fatores, como conhecimento prévio e grupo social, poderão influenciar no momento de ler ou redigir um texto.

O texto, portanto, não deve ser considerado um produto acabado, mas um processo em que autor e leitor interagem. Segundo Koch e Travaglia (2005), esses interlocutores são definidos como **sujeitos ativos**, que, dialogicamente, constroem e são construídos no espaço textual discursivo. Gold (2005) afirma que a redação textual é construída basicamente com duas técnicas:

— **Primeira**: A fixação do objetivo, que, segundo a autora, orienta a redação do texto.

— **Segunda**: A identificação da ideia-núcleo ou ideia principal.

2.1
Primeira técnica: fixação do objetivo

A fixação do objetivo está relacionada com a **delimitação do assunto**, também reconhecida como *referência temática*, que deverá orientar todo o desenvolvimento do texto. Esse procedimento é fundamental para a organização das ideias que serão desenvolvidas na construção do texto.

Observe a seguinte proposta temática:

"A comunicação de massa"

Muito se poderia falar sobre a comunicação de massa, pois o tema é amplo e permite uma série de abordagens. Serão traçados três objetivos para exemplificar:

1 A comparação entre o rádio e a televisão.

2 Técnicas de organização textual

2 O amplo apelo popular do rádio e da televisão e suas consequências.

3 A ampla difusão de informações que o rádio e a televisão promovem.

Pode-se observar que, para cada objetivo traçado, haverá diferentes delimitações. Essa técnica é muito importante no momento de começar a redigir, pois ela permitirá que o autor dê um **direcionamento** para o assunto a ser desenvolvido.

Dependendo do gênero textual, um mesmo assunto poderá apresentar objetivos diferentes e, consequentemente, sofrerá um tratamento diferenciado. Se o objetivo do autor for emitir um ponto de vista a respeito de um determinado tema, ele empregará uma função expressiva que caracteriza os **textos argumentativos**. Por outro lado, se o objetivo for o de apenas informar o leitor, a função da linguagem será a **referencial**. Observe os exemplos:

Os meios de comunicação de massa e a informação

Objetivo: Construir um texto crítico sobre a veracidade das notícias veiculadas em um jornal de grande circulação nacional.

Acostumados a uma visão crítica dos fatos, pesquisa recente com os leitores da Folha de S. Paulo aponta para o grau de satisfação com relação às matérias veiculadas. A veracidade das informações e a profundidade dos textos, das imagens e das ilustrações são alguns dos pontos positivos realçados pelos entrevistados.

> **Objetivo:** Informar a respeito da fundação do Jornal.
>
> A história da Folha começa em 1921, com a criação do jornal "Folha da Noite". Em julho de 1925, foi criado o jornal "Folha da Manhã", edição matutina da "Folha da Noite". A "Folha da Tarde" foi fundada após 24 anos. Em 1º de janeiro de 1960, os três títulos da empresa se fundem e surge o jornal Folha de S. Paulo.
>
> Conheça agora a história da Folha de S. Paulo, dos primeiros passos até a liderança na imprensa nacional.

2.2

Segunda técnica: identificação da ideia-núcleo

Para que um texto esteja bem construído, é necessário definir suas ideias com **clareza**. A desorganização dessas ideias poderá gerar conflitos interpretativos, portanto, é fundamental que cada um dos parágrafos esteja relacionado ao seguinte, e assim sucessivamente.

Para que isso aconteça, primeiramente será preciso que o parágrafo esteja organizado internamente. As ideias dentro de um mesmo parágrafo deverão se relacionar de forma a construir um sentido. Essa concepção está embasada no conceito de tópico frasal (ou ideia-núcleo), pois é com base nele que um texto se desenvolverá coerentemente.

2 Técnicas de organização textual

Observa-se, ainda, que o tópico frasal se constitui de um período principal, que orientará toda a organização dos demais e, na maioria das vezes, está localizado no início do parágrafo.

A seguir, será apresentado mais detalhadamente o conceito de tópico frasal e, logo após, relembrada, em linhas gerais, a definição de parágrafo.

2.2.1 Conceito de tópico frasal

Tópico frasal é a definição que se dá para a **ideia mais importante** de um parágrafo. Esse conceito também apresenta outras definições, como *frase-síntese* ou *período tópico*, porém menos usuais.

O tópico frasal é constituído por um período que orienta ou governa o restante do parágrafo. Por meio de sua propositura temática, nascem outros períodos secundários ou periféricos, porque ele será o norteador na construção do parágrafo, de acordo com Nicésio (2009).

Uma das principais características do tópico frasal é contribuir para que o leitor possa identificar o "fio temático" proposto pelo autor. Por esse motivo, o autor deverá introduzir o assunto, construindo o ambiente propício para o desenvolvimento de ideias derivadas ou secundárias.

Dessa maneira, pode-se afirmar que o tópico frasal se distingue como uma enunciação argumentável, de afirmação ou negação, que leva o leitor a esperar mais do autor para a apresentação do raciocínio completo. Portanto, caracteriza-se como uma **enunciação**, exigindo desdobramento ou explicação.

Os parágrafos poderão ser desenvolvidos por meio de diferentes tipos de tópicos frasais. Isso dependerá da intenção do autor.

A seguir, serão apresentados dois tipos de tópicos frasais e seus respectivos exemplos.

Tópico frasal desenvolvido por enumeração

É o processo de desenvolvimento do parágrafo em elementos semelhantes dentro do período, os quais são enumerados para a construção de sentido.

Exemplo:

O jornal impresso, apesar do desenvolvimento tecnológico, ainda tem muitos leitores fiéis, como professores, administradores, diretores de empresas, aposentados, entre tantos outros. Por isso, a tese defendida por aqueles que apostavam em sua extinção está sendo revista!

Tópico frasal desenvolvido por descrição de detalhes

É o processo típico do desenvolvimento de um parágrafo descritivo.

Exemplo:

O novo prédio da empresa apresenta instalações adequadas para as nossas necessidades profissionais, como cabeamento interno para banda larga, além de um sistema central de ar condicionado, que é regulado automaticamente. As paredes são revestidas de material isolante, que garante segurança de privacidade em todos os ambientes.

Resumindo: cada parágrafo gira em torno de uma ideia central, expandindo-se por meio das ideias secundárias.

2.2.2

A estruturação do parágrafo

O parágrafo é uma **unidade de significação**, conforme afirma Nicésio (2009), constituída por um ou mais períodos em que se desenvolve determinada ideia-núcleo, a qual se soma a outras, denominadas *secundárias*, que estão intrinsecamente relacionadas na construção de sentido do texto.

Tradicionalmente, o parágrafo é marcado, na primeira linha, por um afastamento da margem esquerda da folha, facilitando para o escritor a tarefa de isolar e organizar convenientemente as ideias principais de sua composição, permitindo ao leitor acompanhar o desenvolvimento do texto nos seus diferentes estágios.

2.2.3

A extensão do parágrafo

A extensão do parágrafo está relacionada a diferentes fatores, entre os quais podem ser destacados: a intenção do autor ao transmitir sua mensagem (o seu objetivo); o perfil do leitor; o veículo de comunicação onde o texto será publicado; o contexto; entre outros. Se o autor souber variar a extensão dos parágrafos, dará um colorido especial ao texto, captando, dessa forma, a atenção do leitor do começo ao fim.

Para fins didáticos, os parágrafos serão classificados em três tipos, apresentados a seguir.

2.2.3.1 **Parágrafos curtos**

São próprios para textos resumidos, pensados para leitores que não têm a intenção de se aprofundar no assunto ou, mesmo, que não dominam a norma culta, proporcionando, portanto, uma visão mais geral a respeito do tema.

Um exemplo interessante, para ilustrar esse tipo de parágrafo, são os textos de jornais populares, que valorizam a imagem em detrimento da quantidade de informações. As manchetes desses textos apelam para a ambiguidade, em detrimento da objetividade. Os tipos de letras empregados são grandes e o espaço entre as linhas é maior.

2.2.3.2 **Parágrafos médios**

São empregados em textos de revistas e livros didáticos, destinados a um leitor mediano, que possua um pouco mais de informações. Cada parágrafo médio, geralmente, é construído com até três períodos, utilizando-se de 50 a 150 palavras. Em cada página de livro cabem, aproximadamente, cerca de 3 parágrafos médios.

Exemplo:

A boa redação é fundamental para o sucesso dos negócios nas empresas do século XXI, independentemente do segmento em que atuam. Especialistas na área da comunicação afirmam que muitas empresas amargam prejuízos porque não oferecem aos seus profissionais capacitação para redigirem melhor ou não elaboram regras para padronizarem minimamente os seus textos.

2.2.3.3 Parágrafos longos

Em geral, as obras científicas e acadêmicas são organizadas com parágrafos mais extensos, pelas seguintes razões: os textos são mais aprofundados e consomem mais espaço; as explicações estão embasadas em conceitos teóricos e objetivam uma exposição científica. Trata-se de textos pensados para um público específico, que domina bem o assunto.

Exemplo:

"As teorias do cognitivismo seriam, portanto, o ponto de partida para o exame dos processos motivacionais ocorridos durante a leitura, posto que esta é, por natureza, o lugar não somente da coenunciação, como também o da intra e da intertextualidade. O conceito de intertextualidade está relacionado com as formas linguísticas e com o conjunto representativo das funções semânticas e pragmáticas, que são expressas na interação dos diferentes tipos indiciais da

> comunicação. Por exemplo: a ordem das palavras e as suas recorrências identificadas como as marcas morfológicas e contrastes semânticos" (Ducrot; Schaeffer, 1995, tradução nossa).

2.3
A objetividade

Um texto, para ser eficaz e proporcionar o *feedback*, deverá apresentar diferentes características, dentre as quais se destaca a **objetividade**. Porém, nem sempre é fácil a organização das ideias de forma clara.

Gold (2005), a esse respeito, afirma que uma das formas de o autor conseguir manter a objetividade em suas mensagens está relacionada à ideia de **eliminar os excessos** de palavras ou expressões.

A partir de 1985, a linguagem dos textos empresariais sofreu a chamada *influência americana*, advinda com a evolução da globalização iniciada nos anos 1970. Como já visto, antes desse período, era notória a influência da oratória dos discursos políticos, que utilizava construções prolixas, com vocabulário sofisticado e construções rebuscadas, oriundas de uma cultura que valorizava a forma em detrimento do conteúdo. Nota-se, assim, que a linguagem empresarial moderna caminha para a **simplicidade** e a **praticidade**. Observa-se, no entanto, que organizar um texto simples não significa incorrer no uso de um vocabulário empobrecido ou na omissão de ideias nucleares, fundamentais para a compreensão da mensagem.

A seguir, serão analisados dois textos sobre o mesmo assunto, mas com tratamentos diferenciados. O primeiro apresenta uma linguagem antiquada e prolixa; o segundo foi redigido com uma linguagem simples e objetiva.

Texto 1

Prezados Senhores,
Solicitamos por obséquio a gentileza de nos fornecer mais informações relativas à conduta profissional e moral do Sr. Artur dos Santos, candidato a integrar os quadros funcionais de nossa valorosa empresa na condição de chefe de departamento.

Esse senhor nos forneceu sua empresa como referência por ter trabalhado nessa tradicional organização.

Sem mais, agradecemos desejando-lhes votos das estimadas considerações.

Antonio Dias de Abreu
Gerente de Recursos Humanos

Texto 2

Senhores,
Em virtude do Senhor Artur dos Santos nos ter indicado sua empresa como referência a respeito de sua idoneidade moral e profissional, solicitamos a gentileza de nos enviar as informações relativas ao seu ex-funcionário, assim que possível.

> Vale lembrar que essas informações serão mantidas em sigilo.
>
> Atenciosamente
>
> **Antonio Dias de Abreu**
> **Gerente de Recursos Humanos**

O tratamento dado ao assunto, no segundo texto, permite ao leitor identificar a ideia mais importante de forma mais rápida.

2.4

A concisão

Seguindo a tendência de valorizar uma informação ágil e precisa, as organizações passaram a empregar textos mais concisos ou "enxutos". Pode-se definir a concisão como a expressão do pensamento em poucas palavras, com o objetivo de evitar o excesso empregado para impressionar o leitor. A seguir serão apresentados dois exemplos sobre esse tema:

Parágrafo não conciso

Em razão dos questionamentos, por parte da Diretoria Geral, a respeito da inclusão ou não de despesas realizadas e não pagas no exercício na Conta Restos a Pagar, solicitamos mais esclarecimentos a esse respeito, considerando os termos do art. 30, da Lei nº 4.220, que determina a reversão das despesas anuladas à dotação orçamentária do próximo exercício.

> **Parágrafo conciso**
>
> Solicito orientação a respeito da classificação de Restos a Pagar cancelados fora do exercício de emissão.

Partindo do exemplo citado anteriormente, pode-se afirmar que os objetivos da concisão são:

- Maximizar a informação com um mínimo de palavras.
- Eliminar os clichês.
- Cortar as redundâncias.
- Eliminar as informações excessivas.

Mais uma vez, é preciso ressaltar que cortes não criteriosos nos textos poderão comprometer a mensagem, se não forem eliminadas apenas as ideias secundárias e desnecessárias.

2.5 A técnica de redução

A aplicação prática da concisão está relacionada diretamente com o emprego de técnicas adequadas. Neste livro, será abordada a **técnica de redução extensiva**. Trata-se da substituição de palavras e expressões por outras equivalentes no significado, porém mais curtas. A esse respeito, têm-se os seguintes exemplos:

- O contrato foi assinado porque assim solicitaram todos.
- O acordo foi assinado por solicitação de todos.

No primeiro caso, há três palavras – *"porque assim solicitaram"* – que poderão ser substituídas por duas equivalentes – *"por solicitação"*. Conclui-se que o segundo exemplo é o mais adequado para a organização de um texto objetivo.

A esse respeito, observa-se um problema muito comum na redação de alguns textos: o excesso no emprego de *"quês"*. Esse excesso causa um efeito negativo na maneira de se expressar, induzindo o leitor a identificar a pobreza vocabular do texto. Os exemplos a seguir demonstram esse fato:

Frase com excesso de "quês"

Espero que me oriente a fim de que se esclareçam as dúvidas que dizem respeito ao assunto que foi apresentado em nossa última reunião.

Frase sem "quês"

Espero sua orientação a fim de esclarecer as dúvidas a respeito do assunto discutido em nossa última reunião.

A seguir, algumas sugestões de palavras e expressões que poderão substituir outras mais extensas:

Forma extensa	Forma reduzida	Classe gramatical
Que se esclareçam	Esclarecer	Verbo no infinitivo
Que me respondam	Resposta	Substantivo abstrato
Que dizem respeito	A respeito de	Locução prepositiva

O uso excessivo de *"quês"* é um dos problemas geradores da falta de concisão. Caberá ao autor, no momento de redigir, identificar outras situações que poderão comprometer essa concisão.

A seguir, foram propostos alguns exercícios com o objetivo de relembrar os conceitos apresentados ao longo deste capítulo. Por meio deles, também será possível refletir sobre a organização e a construção textual.

Exercícios

1. Quais foram a primeira e a segunda técnicas estudadas?

2. Qual é a definição para tópico frasal?

3. Quais os fatores que determinam a extensão de um parágrafo?

4. Quais as principais características dos parágrafos curto, médio e longo?

5. Sabe-se que todo parágrafo deve "girar" em torno de uma ideia-núcleo, ou seja, todo parágrafo se desenvolve com base no tópico frasal. Observe o parágrafo a seguir e identifique o tópico frasal:

   "O relatório foi aprovado, mas necessitará de ajustes para ser encaminhado à Diretoria. Observa-se que a não revisão, dentro do prazo determinado, comprometerá o orçamento de compras do primeiro semestre do ano de 2008".

6. Por que a eficácia de um texto está relacionada à objetividade?

7. Por que o texto a seguir não é objetivo? Justifique sua resposta.

São Paulo, 20 de agosto de 2010.

Prezado Senhor,

Como é do seu conhecimento, esta empresa existe e atua para assessorar profissionais com o objetivo de aperfeiçoar os seus conhecimentos, preparando-os para um mercado de trabalho cada vez mais competitivo. Estamos nesse ramo de atividade há mais de quinze anos.

Muitas empresas que não preparam os seus funcionários para esse mercado de trabalho acabam sendo prejudicadas no momento de contratar pessoal, pelo fato de os seus próprios funcionários estarem sem o devido preparo, ou ainda perdem no mau atendimento da sua clientela.

Nosso objetivo é oferecer um serviço de qualidade, cujo objetivo é dar suporte para aquelas empresas que querem se destacar pela qualidade em seu processo de gestão administrativa.

Se houver interesse de sua parte, entre em contato pelo telefone (11) 3245-9011 ou acesse nossa página: <www.assessoriadegestao.com.br>.

Desde já agradecemos pela sua atenção e nos dispomos para quaisquer outros esclarecimentos.

Sem mais para o momento, despedimo-nos.

Geraldo Silva
Gerente

8 O que é um texto conciso?

9 As técnicas de redução contribuem para quê?

10 A expressão *que se esclareçam* poderá ser substituída por qual outra em que se utilize a concisão?

3

Do saber partilhado à informação nova_

Este capítulo fará uma reflexão sobre algumas dificuldades na redação de textos. Posteriormente, serão apresentadas soluções, tomando-se por base os conhecimentos de língua portuguesa.

Deve-se, entretanto, lembrar que não há "receitas" prontas para a resolução dessas dificuldades, pois o fundamental é compreender a dinâmica do processo da escrita por meio do emprego consciente das regras.

3.1

A língua portuguesa e o moderno texto empresarial

Sabe-se que a escrita é a organização do pensamento por meio da **representação simbólica**, ou seja, mediante o uso de signos verbais grafados. Redigir, portanto, é o resultado de um complexo processo cognitivo, inserido em um determinado contexto sociocultural. Ao escrever, segundo Siqueira (1990), o autor não deve fazê-lo sobre qualquer assunto, para qualquer leitor e sem critérios. Sempre que se escreve, tem-se um **objetivo a ser alcançado**, bem como um perfil de leitor ou, ainda, a proposta de um tema a ser apresentado.

Por essa razão, para se organizar um texto em língua portuguesa, é preciso estabelecer **critérios** para que a mensagem alcance um *feedback*. Além disso, torna-se fundamental compreender que o emprego das regras gramaticais – como o uso correto dos tempos verbais, o plural dos substantivos, entre tantas outras – deverá se associar a uma série de outros conhecimentos extralinguísticos – como, por exemplo, o contexto, a cultura, a sociedade etc.

3.2

Estabelecendo critérios

É importante enfatizar que os critérios aqui definidos funcionam como **parâmetro**, e não como modelos a serem seguidos rigidamente, como se fossem um manual de instrução.

Portanto, cada autor, no momento de redigir o seu próprio texto, poderá estabelecer outros critérios que julgar pertinentes. A seguir, serão explicados os critérios aqui adotados:

— Para quem escrever.

— O que escrever.

— O quanto escrever.

— Como escrever.

— Onde escrever.

Serão levadas em consideração as relações **autor-texto** e **autor-leitor**, ou seja, os atores envolvidos no processo da produção textual.

3.2.1

Para quem escrever

Esse critério é fundamental, porque a definição do perfil do leitor facilitará a organização e o desenvolvimento do texto. Por exemplo, o leitor que tem conhecimento sobre o assunto não precisará de muitas explicações ou detalhes para se contextualizar; diferentemente do leitor que não tem esse conhecimento.

Para facilitar no momento de redigir, o autor poderá fazer a seguinte pergunta:

O leitor tem conhecimento sobre o assunto?

O segundo passo importante é o domínio do assunto, pois o autor deverá saber sobre o que escrever. Para facilitar, ele poderá formular a seguinte pergunta:

Eu tenho conhecimento sobre o assunto?

3.2.2
O que escrever

Para que o autor organize um texto eficaz, que atinja o seu leitor, precisará identificar a necessidade que requer o assunto, ou seja, o *porquê*. Essa necessidade poderá ser interpretada formulando-se a seguinte pergunta:

Por que estou escrevendo esse texto?

3.2.3
O quanto escrever

Esse critério está intimamente relacionado com os anteriores, porque, ao identificar a necessidade que dará origem à redação do texto e o domínio ou não do assunto pelo leitor, o autor poderá definir a quantidade de informação que irá compor o texto.

Para isso, o seguinte questionamento poderá ser formulado pelo autor:

Qual a quantidade de informações a ser apresentada?

3.2.4
Como escrever

Ao se falar sobre como escrever, deve-se levar em consideração o contexto que envolve o ato comunicativo, o nível de linguagem e os atores envolvidos.

Por exemplo: em um determinado contexto, um texto poderá ser redigido utilizando-se de um nível de linguagem mais ou menos formal. A definição do nível de linguagem formal está relacionada com o conceito de norma culta, em que o uso das regras gramaticais é rigoroso. Por outro lado, o nível menos formal está relacionado com a ideia de coloquialidade, informalidade, em que não há rigor sobre o uso das regras gramaticais.

Caberá ao autor identificar qual deverá ser o tratamento dado à linguagem do texto. Para facilitar esse processo, ele poderá elaborar a seguinte pergunta:

A situação exige que nível de linguagem?

3.2.5

Onde escrever

Levando-se em consideração que um texto empresarial poderá ser publicado em diferentes canais, o autor usará estratégias textuais e extratextuais diversas.

Entende-se por *estratégias textuais* os recursos empregados na redação do texto, que podem estar associados aos aspectos linguísticos ou não. Por exemplo: o emprego de metáfora para simplificar um assunto complexo para um leitor leigo é uma estratégia textual em nível linguístico. Levando-se em conta o uso da internet, é importante ressaltar o uso dos chamados *links* para remeter o leitor a novas informações adicionais, relacionadas com o assunto apresentado, os quais podem ser considerados um aspecto não linguístico na redação do texto, conhecidos também como *hipertextos*.

Os recursos extratextuais são aqueles elementos que não estão no âmbito linguístico, porém fazem parte de todo o conjunto que é o texto. As imagens, os gráficos, as tabelas, entre outros recursos visuais, podem ser consideradas estratégias extratextuais para auxiliar o autor na apresentação de um conceito, na demonstração da quantificação de dados etc.

Com o desenvolvimento tecnológico, não há como abordar as estratégias textuais desconsiderando-se o uso do computador nas empresas como ferramenta para a redação de textos e a internet como veículo de informação.

Neste mundo do século XXI, que caminha velozmente para a **virtualidade**, os textos e documentos impressos ainda são importantes, estando presentes no cotidiano das empresas. Por isso, não devem ser deixados de lado ao se abordar a redação empresarial na era digital.

Um dos requisitos para se obter a eficácia do texto é identificar se este será divulgado em material impresso ou digital. Para isso, é importante formular a seguinte pergunta:

Onde (canal) esse texto será publicado?

Portanto, para se desenvolver um texto, é preciso previamente estabelecer critérios que serão fundamentais na organização do todo textual. Mas isso não é o suficiente, pois a sua expansão está associada, também, a uma dinâmica própria, que tem como uma de suas bases os conceitos de saber partilhado e de informação nova, apresentados por Siqueira (1990).

Para facilitar a aplicação prática dos critérios discutidos, serão apresentados textos produzidos com base no mesmo tema, porém pensados para leitores e objetivos diferentes. Posteriormente, esses textos serão analisados sob a teoria do saber partilhado e da informação nova.

3 Do saber partilhado à informação nova

Texto 1

PEDÁGIO 1 km

Passagem Livre

— **Autor:** Órgão de trânsito responsável.
— **Para quem escrever:** Motoristas.
— **O que escrever:** Informação sobre a distância entre o pedágio e o ponto onde se encontra o veículo.
— **O quanto escrever:** Mensagem objetiva, com pouca informação, para ser lida rapidamente.
— **Como escrever:** Linguagem formal.
— **Onde escrever:** Placa de identificação.

Texto 2

Pedágio agora na Régis Bittencourt

Serão instaladas diversas praças ao longo dos mais de 400 quilômetros que cobrem o trecho da rodovia entre São Paulo e Curitiba. Acredita o Governo que isso resolverá o problema em um prazo médio de três anos, pois com a arrecadação seriam realizadas rapidamente as melhorias necessárias.

O número elevado de acidentes na Rodovia Régis Bittencourt, que interliga os estados de São Paulo e Paraná, já causou centenas de mortes devido à falta de conservação da sua malha viária.

Sérgio de Castro – Redação do Jornal *Folha da Região*

— **Autor:** Sérgio de Castro.
— **Para quem escrever:** Leitores do jornal.
— **O que escrever:** Informação sobre a criação de pedágios na Rodovia Régis Bittencourt entre São Paulo e Curitiba.
— **O quanto escrever:** Mensagem objetiva, porém com mais conteúdo para contextualizar o leitor.
— **Como escrever:** Linguagem formal.
— **Onde escrever:** Jornal *Folha da Região*.

3.3

Do saber partilhado ao novo saber

Na maioria das vezes, ao se escrever, tem-se algo novo para dizer para alguém. Em outras palavras: quando redige um texto, o autor objetiva, quase sempre, transmitir uma informação nova.

3 Do saber partilhado à informação nova

Já lhe ocorreu a desagradável sensação de ler um determinado texto no qual as informações, ao se repetirem constantemente, tornaram-no cansativo? Quando isso acontece, é porque o texto está **mal organizado**, ou seja, não passa para o leitor informações novas que vão se somando para formar o todo. Define-se como um texto bem organizado aquele que tem **eficácia**. Por exemplo: ao apresentar novas informações durante o seu desenvolvimento, o texto eficaz partirá do saber partilhado entre autor e leitor, de acordo com Siqueira (1990). Esse movimento de organização e expansão pode ser representado da seguinte forma:

Texto bem organizado/eficaz

saber partilhado + informação nova

Siqueira (1990) afirma que, dependendo da quantidade de informações necessárias para alcançar o seu objetivo, o texto poderá variar sua extensão. Deve-se, portanto, ficar atento à relação entre a quantidade de informações e a intenção do autor.

Há textos que necessitam de poucas informações porque estas são suficientes para passar a mensagem e fazem parte do repertório do leitor, ou seja, do saber partilhado. Um exemplo é o Texto 1, analisado anteriormente.

O motorista (leitor) desse texto sabe que à distância de um quilômetro haverá cobrança de pedágio (que, em tese, é uma taxa cobrada pelas concessionárias das rodovias privatizadas, que deveriam reverter parte dos valores em benefício do usuário etc.). A informação nova é que, nesse caso específico, a passagem está livre, não havendo, portanto, o pagamento de qualquer valor.

Fazendo-se uma análise sob os aspectos da teoria do saber partilhado e da informação nova, afirma-se que um mesmo assunto poderá ser trabalhado de formas diferentes. O tema "pedágio", exemplificado nos textos 1 e 2, foi desenvolvido para leitores com perfis específicos, o que influenciará na quantidade de informações presentes em cada um dos textos. Outro ponto importante que corrobora com essa análise é a concepção dos textos mencionados por meio da teoria de gênero textual. Segundo Araújo (2006), o gênero textual se define como uma das formas socialmente consagradas de organizar e controlar as atividades comunicativas.

Texto 1

Gênero textual: Informação oficial sobre trânsito em rodovias (Placa informativa).

Saber partilhado
— Distância de 1 km entre o ponto em que o carro se encontra e as cabines de cobrança.
— Pedágio – local onde será cobrada, pelas concessionárias, a taxa pelo uso da rodovia.

Informação nova
— Não haverá cobrança de taxa.

3 Do saber partilhado à informação nova

Texto 2

Gênero textual: Notícia de jornal.

Saber partilhado
- O que é *pedágio*.
- Cobrança de taxa.
- Governo Federal.
- Onde fica a Rodovia Régis Bittencourt.
- Ligação entre os estados de São Paulo e Paraná.
- Falta de conservação.
- Mortes nessa rodovia.

Informação nova
- Privatização da Rodovia Federal Régis Bittencourt.
- Instalação de várias praças ao longo da rodovia.
- Resolução dos problemas em aproximadamente três anos.
- Investimento em melhorias.

Durante a realização da análise anterior, foi possível observar que o Texto 1 apresentou pouca informação nova, mas o suficiente para atingir o seu objetivo, que é alertar o motorista (leitor) sobre a não cobrança da taxa de pedágio. Por outro lado, o Texto 2 trouxe um número maior de dados, com o objetivo de informar o leitor do jornal sobre assuntos relacionados à instalação de pedágios e ao uso da rodovia federal. O saber partilhado e a informação nova estão associados diretamente com o repertório de cada um dos atores envolvidos na produção textual. Um mesmo texto poderá ser interpretado de formas diferentes, pois o que é partilhado para um leitor poderá ser informação nova para outro.

3.4

Texto empresarial: os critérios de planejamento e a informação nova

Nesta etapa do nosso estudo, será trabalhado o texto empresarial, o qual deverá ser organizado com base em critérios preestabelecidos do saber partilhado e da informação nova. Primeiramente, é preciso ter claro que o conceito de texto técnico (gênero) está relacionado com a redação técnica, caracterizada por uma linguagem própria, que apresenta, entre outras coisas, objetividade, concisão e eficácia, de acordo com Gold (2005).

Os textos técnicos apresentam diferentes gêneros. Resumidamente, eles podem ser organizados em:

Administrativos	Empresariais
Ata	Declaração
Atestado	Edital
Aviso	Estatuto
Bilhete	Ofício
Carta Comercial	Procuração
Circular	Recibo
Contrato	Requerimento
Convocação	

É importante que, no momento de redigir um texto empresarial, o autor estabeleça os critérios necessários para transmitir ao seu leitor as informações novas, com base no saber partilhado.

Portanto, um texto empresarial, para ser eficaz, deve proporcionar o *feedback* esperado e, por essa razão, deve ser planejado. É com base nessa ideia de planejamento que será desenvolvida a redação do texto.

Para isso, será preciso, primeiramente, identificar o contexto, lembrando que este é definido como a situação que envolve o ato comunicativo. No caso da redação empresarial, será necessário o reconhecimento da necessidade profissional que deu origem à produção do texto.

Para fins didáticos, faremos uma simulação da redação de uma carta de aviso de encerramento de contrato desde o contexto de sua produção até a leitura pelo seu destinatário (leitor). A seguir, será feita uma análise com base no contexto, no saber partilhado e na informação nova.

São Paulo, 10 de janeiro de 2012.

Para: Santiago e Sousa – Advogados Associados
Atenção ao: Sr. Luis Carlos de Sousa
De: Imobiliária "Bom Tempo"
Assunto: Aviso de término de contrato

Prezado Cliente,
Seu contrato vence em 30 de janeiro de 2012. Vale lembrar que, para continuar contando com as facilidades dos nossos serviços, é importante realizar a renovação contratual.

Para sua conveniência, enviamos um formulário de renovação e os respectivos boletos com opções para pagamento parcelado ou à vista com desconto de 10%. Assim, estará garantindo a manutenção, a proteção e a conservação do seu patrimônio.

Estamos à sua disposição para quaisquer esclarecimentos no telefone 11 + 3550-7899, com a Sra. Fátima Guedes, ou pelo e-mail: imobiliariabt@bomtempo.com.br

Antonio de Almeida Pedroso
Gerente Administrativo

3.4.1

Análise

Contexto

A situação comunicacional que exigiu a produção desse texto foi o término de contrato para prestação de serviços entre a Imobiliária "Bom Tempo" (prestador) e o escritório de advocacia Santiago e Sousa – Advogados Associados (cliente).

Os critérios de planejamento

— **Autor:** Imobiliária "Bom Tempo".
— **Para quem escrever:** Santiago e Sousa – Advogados Associados.

- **O que escrever:** Informação sobre término de contrato para prestação de serviços.
- **O quanto escrever:** Mensagem objetiva com informações básicas sobre o assunto.
- **Como escrever:** Linguagem formal.
- **Onde escrever:** Carta impressa ou digital (como anexo em correio eletrônico).

Saber partilhado e informação nova

Saber partilhado: Existe um contrato de prestação de serviços da Imobiliária "Bom Tempo" para o escritório Santiago e Sousa – Advogados Associados.

Informação nova: O término do prazo de contratação e a proposta para a renovação desse mesmo contrato.

Como nos capítulos anteriores, a seguir são propostos alguns exercícios com o objetivo de rever, em linhas gerais, o conteúdo desenvolvido neste capítulo. Observa-se, ainda, que a proposta desses exercícios é trabalhar os conceitos de forma reflexiva.

Exercícios

1 Por que é importante estabelecer critérios para se escrever um texto?

2 Quais são os critérios definidos como referência no momento de se redigir um texto?

3 A classificação desses critérios é rígida ou não? Comente essa questão.

4 Segundo o nosso estudo, o que é saber partilhado?

5 O que é informação nova?

6 Fazendo-se uma análise comparativa entre a informação nova do Texto 1 – *Pedágio a 1 km* – e a do Texto 2 – *Pedágio agora na Régis Bittencourt* –, pode-se dizer que foram realizados planejamentos diferentes para leitores também diferentes? Comente essa questão.

7 Pode-se afirmar que os critérios para o planejamento de um texto empresarial também são os mesmos dos textos 1 e 2? Por quê?

8 Qual é a definição para o termo *contexto*?

9 A quantidade de informações no texto empresarial "Carta de aviso de encerramento de contrato" foi pensada para um leitor que tem conhecimento do assunto ou não? Comente essa questão.

10 Com base no texto apresentado a seguir e enviado por carta registrada, identifique o que se pede.

> **Belo Horizonte, 21 de setembro de 2010.**
>
> Associado João da Silva,
> Convidamos V.Sa. e sua Família para as festividades pelo transcurso do 20º aniversário da Fundação do Projeto "Crescer".
>
> Esta Diretoria se sentirá honrada em poder contar com a participação do prezado companheiro e familiares em mais esse evento de comemoração social.
>
> Atenciosamente,
>
> **João Luis**
> **Diretor Presidente**

a O contexto que originou a redação.

b Os critérios de planejamento:
- Autor.
- Para quem escrever.
- O que escrever.
- O quanto escrever.
- Como escrever.
- Onde publicar.

c O saber partilhado e a informação nova.

4

Intencionalidade e coerência textual_

Sabe-se que cada texto tem uma "natureza" própria, ou seja, é organizado para uma finalidade, com base em uma intenção específica, que neste estudo denomina-se *intencionalidade*. Porém, é importante observar que existem características comuns a todos os textos. Por exemplo: ao se fazer uma análise comparativa entre uma carta comercial e um memorando, percebe-se que o primeiro texto é pensado (intencionalmente) para o meio externo, e o segundo, nem sempre. Quanto às características comuns, pode-se afirmar que a linguagem empregada é a formal e a função é referencial; além de ambos se caracterizarem pela objetividade.

Outro ponto importante a ser analisado é o que Marquesi, Cintra e Fonseca (1992) denominam de *superestrutura do texto*. Segundo esses autores, os textos de diferentes áreas técnicas se caracterizam por ter uma organização própria, apresentando esquemas rígidos que abreviam o tempo da produção textual e da recepção da mensagem, controlando a subjetividade do emissor.

É por esse motivo que os textos da área empresarial não apresentam características muito diferentes entre si, criando-se quase sempre uma espécie de **padronização**.

4.1
A coerência

Diariamente, ocorrem situações em que as mensagens produzidas não são entendidas pelo ouvinte. A causa dessas situações é diversa, mas uma das possibilidades pode ser a **falta de coerência**.

Entende-se por *coerência* a relação lógica entre as ideias que são criadas na elaboração de mensagens faladas ou escritas. O conceito de coerência está ligado diretamente à **construção de sentido**.

Por exemplo: é comum, na leitura de determinados textos, serem encontradas dificuldades para a sua compreensão, havendo duas possibilidades plausíveis para isso:

1ª. O leitor pode não dominar o assunto proposto pelo autor.

2ª. O texto pode estar mal redigido e a falta de coerência na sua estruturação compromete o entendimento do todo. Em outras palavras: o texto pode apresentar aquilo que se chama de "*buracos*" *textuais*. Esses "buracos" representam, metaforicamente, a falta de relação entre as ideias, o que dificulta o entendimento do leitor. Portanto, em determinados momentos da leitura, haverá a perda do **"fio temático".**

No entanto, para se falar em *coerência*, é preciso primeiro relembrar que escrever envolve uma complexa teia de ideias que se organizam de acordo com aquilo que o autor quer passar, ou seja, com a sua intenção.

Assim, o moderno texto empresarial deve ser redigido de acordo com os conhecimentos de mundo pertinentes tanto ao autor quanto ao leitor. A linguagem empresarial envolve uma situação de comunicação em contexto profissional, utilizando-se de uma linguagem denotativa e referencial que prima pela objetividade.

O moderno texto empresarial, em geral, apresenta a seguinte estrutura global, também definida como *superestrutura textual*:

— **Abertura**: Local, data, destinatário e saudação inicial.
— **Informes**: Compõem o corpo do texto, ou seja, a mensagem propriamente dita que o autor quer passar para o leitor.
— **Encerramento**: Saudação final e identificação do autor.

Neste capítulo, serão estudados os seguintes textos:

— Carta comercial.
— Ofício.
— Memorando.

4.1.1

Carta comercial

Conceito, estrutura e organização

Carta comercial é um documento que não pressupõe distinções hierárquicas e revela diferentes graus de formalismo. Sua superestrutura apresenta três grandes blocos:

— **Abertura:** São as informações pertinentes ao local, à data, ao destinatário e à saudação inicial.

— **Informes:** Formam a mensagem propriamente dita, ou seja, aquilo que o autor quer passar para o leitor.

— **Encerramento:** Trata-se das saudações finais e da assinatura do autor.

A seguir, é apresentada a análise de uma carta comercial, levando-se em conta os blocos da superestrutura.

Abertura

São Paulo, 14 de janeiro de 2012.

Ilmos. Srs.

Diretores do BANCO DO BRASIL

Avenida 07 de Setembro, 194

Centro – Cuiabá

At. Sr. José da Silva

Ref.: ITR – Segundo Trimestre 2011

Prezados Senhores,

4 Intencionalidade e coerência textual

Informes

Até a presente data, não recebemos qualquer informação relacionada à ITR em epígrafe, cujo prazo de entrega à C.V.M – Comissão de Valores Mobiliários, acompanhada do Parecer dos Auditores Independentes, está previsto para 15 de maio próximo.

Tão logo esteja elaborada, comuniquem-nos com a máxima urgência, a fim de que possamos programar com antecedência a viagem de nossos auditores para seu exame.

Encerramento

Atenciosamente,
J.A.W
Auditores Independentes S/C.

A quantidade de informações que deverá constituir o corpo da carta – os informes – estará sujeita àquilo que o emissor irá falar, pois dependerá de sua intencionalidade no processo dialógico da organização textual.

Presume-se que a quantidade e a qualidade das informações dependerão da capacidade de o autor selecionar essas informações, relevando sempre o contexto.

4.1.2

Ofício

Conceito, estrutura e organização

Esse gênero textual está relacionado à autoridade pública administrativa e pressupõe hierarquia. Caracteriza-se por ser uma comunicação sobre assuntos diversos de ordem administrativa. Distingue-se da carta por apresentar caráter público e só poder ser expedido por órgão da Administração Pública. A superestrutura do ofício não se diferencia da carta comercial, constituindo-se de três blocos:

1 Abertura.

2 Informes.

3 Encerramento.

A destinação do ofício é realizada após o término da mensagem. Observa-se, porém, que atualmente é aceita a destinação à esquerda, após a data, da mesma forma como aparece nas cartas comerciais.

A seguir, a análise de um ofício, levando-se em conta os blocos da superestrutura.

4 Intencionalidade e coerência textual

Abertura

PREFEITURA DO MUNICÍPIO DE
INDAIATUBA

Ofício Fisc. n. 09/2011

Indaiatuba, 04 de abril de 2011.

Prezados Senhores,

Informes

Para atendimento ao que dispõe o artigo 15 do Decreto-Lei n. 9.295, de 27 de maio de 1946, solicitamos que nos sejam informados, no prazo de 15 (quinze) dias, os prestadores de serviço da área contábil, incluindo-se também os de Auditoria.

Observamos que o não atendimento ao solicitado poderá ensejar a autuação dessa empresa, com base na legislação mencionada.

Encerramento

Atenciosamente
Antunes Marisiel Alcântara
Assessor Fiscal

À
J.A.S – Assessoria e Planejamento Ltda.
Rua Acre, n. 89
0000-000 – Indaiatuba-SP

4.1.3

Memorando

Conceito, estrutura e organização

Trata-se de correspondência simplificada entre departamentos de uma mesma empresa: entre uma matriz e suas filiais ou entre filiais.

Caracteriza-se pela objetividade com que o assunto é tratado. Atualmente, os memorandos têm sido enviados pela internet ou, dependendo da empresa, pela intranet. Há dois tipos de memorando, apresentados a seguir.

4.1.3.1 Memorando externo

Instrumento para correspondência mantida entre a organização e o ambiente externo. Permite o uso das formas discretas de cortesia no fecho, prevalecendo o bom senso no emprego dessas expressões.

4.1.3.2 Memorando interno ou comunicação interna

Define-se como o instrumento utilizado nas relações internas ou departamentais, sendo um dos documentos mais frequentes em qualquer organização empresarial. Geralmente, não tem do redator os mesmos cuidados revelados na correspondência externa.

A superestrutura do memorando, de maneira geral, não se diferencia da carta comercial e do ofício, constituindo-se em três blocos:

1. Abertura.
2. Informes.
3. Encerramento.

A seguir, a análise de dois memorandos, um externo e outro interno, levando-se em conta os blocos da superestrutura.

Memorando externo

Abertura

São Paulo, 04 de abril de 2011   MI0001/2011
À Empresa de Transportes Coletivos PARATODOS
A/C Sebastião Álvaro de Carvalho (Gerente Geral)

Prezado Senhor,

Informes

Conforme solicitação, anexamos o mapeamento oficial das novas linhas urbanas, autorizado pela Prefeitura de São Paulo.

Encerramento

Atenciosamente,
Márcia Silva
Assessora

4 Intencionalidade e coerência textual

Memorando interno

Abertura

Assessoria de Projetos   MI0001/2011
À
Gerência Geral

Informes

Enviamos anexo o plano das novas linhas, conforme solicitado.

Encerramento

Márcia Silva
Assessora

A seguir, o leitor encontrará exercícios propostos com o objetivo de rememorar os conteúdos vistos neste capítulo, realizando a verificação da aprendizagem.

Exercícios

1 Segundo o texto, o que é intencionalidade?

2 Por que o texto empresarial apresenta uma linguagem formal?

3 Qual é o conceito de coerência?

4 A dificuldade para ler e entender um texto pode estar associada a dois fatores. Quais são eles?

5 Por que o moderno texto empresarial deve ser escrito tomando-se como base os conhecimentos de mundo entre autor e leitor?

6 Quais as partes que compõem a superestrutura do moderno texto empresarial?

7 Qual é o conceito de carta comercial, ofício e memorando?

8 Em cada um dos espaços marcados a seguir, escreva as informações para a organização de uma carta comercial. Não se esqueça de identificar os blocos.

a

b

c

9. Em cada um dos espaços marcados a seguir, escreva as informações para a organização de um ofício. Não se esqueça de identificar os blocos.

a

b

c

10 Em cada um dos espaços marcados a seguir, escreva as informações para a organização de um memorando interno ou externo. Não se esqueça de identificar os blocos.

a

5

A gramática normativa e o texto empresarial_

Neste capítulo, serão estudados alguns elementos gramaticais responsáveis pela organização de textos empresariais, tornando-os objetivos e eficazes. Para isso, foram empregados, ao longo do desenvolvimento do capítulo, conceitos da literatura específica de autores como Cegalla (1976), Cunha e Cintra (1985), Martins (1997) e Villela e Nascimento (1998).

5.1

A pontuação

O uso correto da pontuação é muito importante no momento de redigir documentos em uma empresa, pois a colocação inadequada poderá comprometer o entendimento do assunto, acarretando prejuízos à administração e à empresa como um todo. A respeito dessa importância, Villela e Nascimento (1998) afirmam que os sinais de pontuação não são apenas marcas auxiliares da escrita, sendo essenciais na produção e na recepção de textos.

Como exemplo, apresentam-se a seguir as mensagens de *e-mails* trocados entre os funcionários de uma determinada empresa:

De: Diretoria-Geral
Para: Secretária Executiva

Senhora Gilda,
Foram enviados todos os relatórios?

Atenciosamente,
André Silva

Primeira resposta

De: Secretária Executiva
Para: Diretoria-Geral

Sr. André,
Não, enviei os que foram corrigidos.

Gilda

5
A gramática normativa e o texto empresarial

Segunda resposta

De: Secretária Executiva
Para: Diretoria-Geral

Sr. André,
Não enviei os que foram corrigidos.

Gilda

Por meio da leitura das duas respostas, é possível se chegar a interpretações diferentes. Na primeira, fica claro que foram enviados apenas os relatórios corrigidos. Na segunda resposta, passa-se a ideia de que os relatórios não enviados foram os corrigidos.

A pontuação é um conjunto de **sinais gráficos** que contribuem para a organização do texto escrito. A seguir, são apresentados alguns desses sinais:

— Vírgula.
— Ponto e vírgula.
— Ponto final.
— Dois-pontos.

5.1.1

Vírgula

Conceito

É o sinal empregado para separar termos de uma mesma oração ou de orações.

5.1.1.1 A vírgula usada para separar termos de uma mesma oração

Há casos em que o emprego da vírgula é **obrigatório**. São eles:

Para separar elementos de uma enumeração

Exemplo:

Precisamos comprar: papel A4, canetas, grampos e lapiseiras.

Para separar o aposto

Exemplo:

O Senhor Silvano, diretor desta empresa, convoca todos os colaboradores para a próxima reunião.

Para separar o vocativo

Exemplo:

Cláudia, não se esqueça de enviar os ofícios.

Para isolar o nome de lugar nas datas

Exemplo:

São Paulo, 10 de março de 2012.

Há casos também em que o emprego da vírgula é **proibido**. São eles:

Entre o sujeito e o predicado

Exemplo:

Uso incorreto: A Diretoria Técnica, convocou uma nova reunião.
Uso correto: A Diretoria Técnica convocou uma nova reunião.

Entre o verbo e seus complementos

Exemplo:

Uso incorreto: Os vendedores preencheram, as notas fiscais.
Uso correto: Os vendedores preencheram as notas fiscais.

Entre o nome e o complemento nominal

Exemplo:

Uso incorreto: José ficou à disposição, da empresa.
Uso correto: José ficou à disposição da empresa.

Entre o nome e o adjunto adnominal

Exemplo:

Uso incorreto: A, importação ganhará novo impulso este semestre.
Uso correto: A importação ganhará novo impulso este semestre.

5.1.1.2 A vírgula usada para separar orações

A vírgula deve ser empregada para separar orações nos seguintes casos:

Orações subordinadas explicativas

Exemplo:

O Brasil, cuja economia está em franca evolução, deverá crescer ainda mais este ano.

Orações coordenadas assindéticas ou sindéticas (excetuando-se aquelas que apresentem o conectivo "e")

Exemplos:

Educação e Saúde são áreas vitais para um país, logo devem ser priorizadas.

Levantei-me, expus minhas opiniões a todos os presentes, ouvi as críticas de cada um deles e tornei a me sentar.

5.1.2
Ponto e vírgula

Conceito

O sinal de ponto e vírgula se caracteriza como um estado intermediário entre o emprego da vírgula e do ponto. É usado entre orações coordenadas quando, por algum motivo intencional, se quer marcar uma pausa mais acentuada que

5 A gramática normativa e o texto empresarial

aquela proporcionada pela vírgula, sem, no entanto, marcar o término dos períodos.

As razões que definem o uso do ponto e vírgula são várias e, na maioria das vezes, dependem do estilo do autor.

Para fins didáticos, pode-se dizer que o sinal de ponto e vírgula é empregado nos seguintes casos:

Quando as orações coordenadas são muito extensas ou guardam alguma simetria entre si

Exemplo:

O relatório de importações é uma das informações solicitadas pela Receita Federal; ele será organizado de acordo com sua classificação.

Quando as orações coordenadas já vêm marcadas pelo uso da vírgula na sua organização interna

Exemplo:

Vários são os documentos empresariais; os mais usados na administração pública, porém, são o ofício e o memorando.

Quando as orações se opõem em seus sentidos

Exemplo:

No setor de vendas, um dia pode ser de alegria; outro, de tristeza.

> **Quando se faz uma enumeração de itens**
>
> Exemplo:
>
> O candidato deverá apresentar os seguintes pré-requisitos:
> — ser atuante na área;
> — estar atualizado com as inovações tecnológicas;
> — conhecer o mercado de trabalho.

5.1.3

Ponto final

Conceito

Define-se como um sinal de pontuação empregado para indicar a finalização de um período, determinando uma pausa absoluta. Representa, também, a pausa máxima de voz, pois é comumente usado em frases imperativas:

> Exemplos:
>
> Ele finalizou sua tarefa.
> Corre até lá.

5 A gramática normativa e o texto empresarial

5.1.4

Dois-pontos

Conceito
Os dois-pontos são identificados por estarem superpostos. São empregados nos seguintes casos:

Em citações ou transcrições

Exemplo:

Durante a reunião, o Diretor afirmou: "Este ano iremos crescer muito!".

Em enumerações

Exemplo:

Na reunião de ontem, foram tomadas as seguintes decisões:
a o uso obrigatório de crachá durante todo o expediente;
b liberação de consulta a *sites* corporativos;
c uso rotativo do estacionamento.

Em exemplificações

Exemplo:

O trabalho colaborativo gera bons resultados na empresa. Por exemplo: quando há participação na realização das tarefas, os lucros gerados trazem benefícios para todos.

Em explicações

Exemplo:

Primeiro: recorte com cuidado a figura desenhada.

Com números ordinais, usa-se sempre inicial maiúscula quando os períodos forem marcados por ponto final

Exemplo:

Para realizar as anotações, proceda assim:
$1°$ Observe atentamente a fala do palestrante.
$2°$ Transcreva com cuidado para o seu bloco de anotações.

Com números ordinais, usa-se sempre inicial minúscula quando os períodos forem marcados por ponto e vírgula

Exemplo:

Para realizar as anotações, proceda assim:
$1°$ observe atentamente a fala do palestrante;
$2°$ transcreva-a com cuidado para o seu bloco de anotações.

5 A gramática normativa e o texto empresarial

5.2

Colocação pronominal

5.2.1

Conceito

Define-se como colocação dos pronomes oblíquos átonos – *me, te, se, o, a, lhe, nos, vos, os, as, lhes* – a sua posição em relação ao verbo. Esses pronomes podem se organizar de três maneiras: antes, no meio e depois do verbo.

Mas quem determina se o pronome deverá vir antes, depois ou no meio do verbo? O uso cotidiano ou as normas gramaticais? Essa é uma discussão que há muito vem incomodando os gramáticos, pois a informalidade nem sempre segue essas normas. Por exemplo: quando você está conversando com um amigo, você diz: "Me empresta o seu celular" ou "Empresta-me o seu celular"?

A norma gramatical determina que a ênclise é obrigatória quando o verbo iniciar a oração, como será explicado com mais profundidade adiante.

Mas, no caso citado, mesmo com o verbo iniciando a oração, será que você falaria com o seu colega dessa maneira? Claro que não! A linguagem do dia a dia desconsidera, em diferentes contextos, essa regra, pois o que prevalece é o ato comunicativo em si.

Porém, é preciso conhecer as regras para saber quando e em que situação empregar o seu uso correto. Para fins deste estudo, iremos discutir alguns casos em que a aplicação dessas regras será fundamental para a organização dos textos empresariais, tornando-os eficazes.

5.2.2

1ª Regra: Próclise

É a colocação dos pronomes oblíquos átonos antes do verbo. Usa-se a próclise, obrigatoriamente, quando houver palavras atrativas. Essas palavras são:

Palavras de sentido negativo

Exemplo:

Ele <u>nem</u> se incomodou com as minhas perguntas.

Advérbios

Exemplo:

<u>Aqui</u> se pode estudar com tranquilidade.

Pronomes indefinidos

Exemplo:

<u>Alguém</u> me chamou?

5 A gramática normativa e o texto empresarial

Pronomes interrogativos

Exemplo:

Que me acontecerá depois?

Pronomes demonstrativos neutros

Exemplo:

Isso me convenceu!

Conjunções subordinativas

Exemplo:

Redigi os relatórios, conforme me orientaram.

5.2.2.1 O uso da próclise em outros casos

Em frases exclamativas e/ou optativas (que exprimem desejo)

Exemplos:

Quantas mentiras se cometeram naquele caso!
Deus te abençoe, meu amigo!

Em frases com preposição "em" somada ao verbo no gerúndio

Exemplos:

Em se tratando de oferta de empregos, São Paulo é imbatível.
Em se estudando literatura, não se esqueça de Carlos Drummond de Andrade.

Em frases com preposição somada ao infinitivo flexionado

Exemplos:

Ao nos posicionarmos a favor dela, ganhamos alguns inimigos.
Ao se referirem a mim, fizeram-no com respeito.

Havendo duas palavras atrativas, tanto o pronome poderá ficar após as duas palavras quanto entre elas

Exemplos:

Se me não ama mais, diga-me.
Se não me ama mais, diga-me.

2ª Regra: Mesóclise

É a colocação dos pronomes oblíquos átonos no meio do verbo. Usa-se a mesóclise quando houver verbo no futuro do presente ou no futuro do pretérito, sem que haja palavra atrativa alguma. O pronome será colocado entre o infinitivo e as terminações *ei, ás, á, emos, eis, ao* para o futuro do presente; as terminações *ia, ias, ia, íamos, íeis, iam* serão colocadas para o futuro do pretérito.

Por exemplo, o verbo *queixar-se* será conjugado da seguinte maneira:

Futuro do presente	Futuro do pretérito
queixar-me-ei	queixar-me-ia
queixar-te-ás	queixar-te-ias
queixar-se-á	queixar-se-ia
queixar-nos-emos	queixar-nos-íamos
queixar-vos-eis	queixar-vos-íeis
queixar-se-ão	queixar-se-iam

Para se conjugar qualquer outro verbo pronominal, basta trocar o infinitivo. Por exemplo: retira-se *queixar* e coloca-se *zangar,* mantendo os mesmos pronomes e as mesmas desinências: *zangar-me-ei, zangar-te-ás.*

Quando o verbo for **transitivo direto** terminado em r, s ou z e à frente surgir o pronome o, a, os, as, as terminações desaparecerão. Por exemplo: *Vou cantar a música = Vou cantá-la.*

O mesmo ocorrerá na formação da mesóclise: *Cantarei a música = Cantá-la-ei.*

Os verbos *dizer, trazer e fazer* são conjugados no futuro do presente e no futuro do pretérito, perdendo as letras "z" e "e", ficando, por exemplo, **direi, dirás, traria, faríamos.** Na formação da mesóclise, ocorre o mesmo: *Direi a verdade = Di-la-ei; Farão o trabalho = Fá-lo-ão; Traríamos as apostilas = Trá-las-íamos.*

Atualmente, o uso da mesóclise tem se restringido mais a textos acadêmicos e, em alguns casos, aos literários, deixando de ser empregado nos textos empresariais.

5.2.4

3ª Regra: Ênclise

Define-se a ênclise como a colocação dos pronomes oblíquos átonos após o verbo. É utilizada principalmente nos seguintes casos:

Quando o verbo iniciar a oração

Exemplo:

Trouxe-me as propostas já assinadas.
Arrependi-me do que fiz!

Com o verbo no imperativo afirmativo

Exemplo:

Por favor, traga-**me** as propostas já assinadas.
Arrependa-**se**, pecador!

Obs.: No Brasil, se o verbo não estiver no início da frase e não estiver conjugado no Futuro do Presente ou no Futuro do Pretérito, tanto pode-se usar próclise quanto ênclise.

Exemplo:

Eu **me** queixei de você ou Eu queixei-**me** de você.
Os alunos **se** esforçaram ou Os alunos esforçaram-**se**.

No entanto, é importante observar que, na língua portuguesa falada no Brasil, há uma tendência para o uso da próclise.

5.3
Vozes do verbo

5.3.1
Conceito

A relação sintática estabelecida entre o sujeito e o verbo é classificada pela gramática normativa como *vozes do verbo*. São três casos:

1º. Voz ativa.

2º. Voz passiva.

3º. Voz reflexiva.

Observa-se que a voz reflexiva é caracterizada pela presença do pronome oblíquo átono junto ao verbo. Em muitos casos, o pronome *se* é o mais conhecido. O uso de uma voz em detrimento de outra não está relacionado somente com uma questão de estilo do autor, mas reflete a sua intencionalidade. Observe os exemplos:

1 O gerente **redigiu** o relatório de acordo com as orientações.
Voz ativa: a ênfase está na ação praticada.

2 O relatório **foi redigido** pelo gerente.
Voz passiva: a ênfase está na ação sofrida.

3 O gerente **machucou-se** ao manusear a impressora.
Voz reflexiva: a ênfase está na ação praticada pelo sujeito que recai sobre ele mesmo.

Portanto, o emprego das vozes do verbo reflete a intencionalidade na ênfase que o autor quer dar para a ação praticada pelo sujeito ou para a ação sofrida por esse sujeito. Por outro lado, se houver a intenção de enfatizar uma ação praticada pelo sujeito, a qual recairá sobre esse mesmo sujeito, será usada a voz reflexiva.

O conhecimento das vozes do verbo é importante para que esse recurso seja empregado adequadamente em textos empresariais. Por essa razão, é fundamental a percepção do que se quer dizer e qual a intenção do autor para determinada ação.

5.4
Dez erros gramaticais mais comuns

Há erros gramaticais que são cometidos pelo simples fato de se escrever sem o conhecimento de algumas regras. Outro fator relevante para esse uso inadequado é a influência que a oralidade exerce sobre a escrita. Em outras palavras, há uma tendência de se reproduzir a fala na escrita. Por exemplo, a conjunção *mas* é comumente pronunciada como *mais* e muitos a escrevem com o *i*.

Erros gramaticais e ortográficos devem ser evitados sempre! Alguns, no entanto, ocorrem com maior frequência e merecem atenção redobrada.

A seguir, foram destacados dez erros significativos, de acordo com Martins (1997). A justificativa das correções tem como base as regras da gramática normativa.

5.4.1
Mal e *mau*

Mal é advérbio e *mau,* adjetivo. Há casos em que a palavra *mal* tem a função de substantivo, quando estiver precedida de artigo. Para facilitar, alguns autores ensinam uma regra prática para distinguir *mal* (advérbio) de *mau* (adjetivo): **mal** é oposto a **bem**; **mau** é oposto a **bom**.

Exemplos:

O relatório está <u>mal</u> redigido.
O Diretor é um <u>mau</u> redator.
O <u>mal</u> de muitos é não ter o conhecimento das regras gramaticais.

5.4.2

Fazer com sentido de tempo

O uso do verbo *fazer* com sentido de tempo decorrido é impessoal, por isso não deve ser flexionado.

Exemplos:

<u>Faz</u> dez dias que enviei as notas fiscais.
<u>Faz</u> um dia que recebemos as mercadorias de nossa fábrica.

5.4.3

Haver com sentido de existência

O uso do verbo *haver* com sentido de existir é invariável.

5 A gramática normativa e o texto empresarial

Exemplos:

<u>Houve</u> muitos problemas com a conferência das notas fiscais.
<u>Havia</u> muitas notas fiscais sem a descrição dos produtos vendidos.
<u>Há</u> um objetivo a ser alcançado neste semestre.

5.4.4

Existir é variável

O verbo *existir* é conjugado normalmente. Também admitem o plural os verbos *bastar, faltar, restar* e *sobrar*.

Exemplos:

<u>Existem</u> produtos para serem faturados.
<u>Bastariam</u> dois funcionários para resolver a demanda.
<u>Faltavam</u> poucas peças.
<u>Restaram</u> alguns pedidos.
<u>Sobravam</u> ideias.

5.4.5

Pronome *mim*

O pronome oblíquo tônico *mim* deve ser usado no final de orações ou após o uso de preposição.

Exemplos:

O gerente de compras entregou os relatórios para <u>mim</u>.
Entre <u>mim</u> e você não restaram dúvidas sobre o novo planejamento.

5.4.6

Há e atrás

O uso do verbo *haver* e do advérbio de lugar *atrás* indicam passado. Por isso, não deverão ser empregados juntos.

Exemplos:

<u>Há</u> dez meses me aposentei.
Dez meses <u>atrás</u> me aposentei.

5.4.7

Entrar dentro

Deve-se dizer *entrar em,* pois o verbo *entrar* pressupõe *dentro.* Outras redundâncias muito comuns: *sair fora* ou *para fora, monopólio exclusivo, já não há mais, ganhar grátis, viúva do falecido,* entre outras.

5.4.8

Vendas *à* prazo

Não há ocorrência de crase antes de palavras masculinas, exceto que esteja subentendida a palavra *moda*: Salto à (moda de) Luís XV.

5.4.9

Por que e *porque*

Sempre que estiver clara ou implícita a palavra *razão*, deve-se usar **por que** (separado). **Porque** (junto) é usado sempre em respostas.

Exemplos:

Por que (razão) a mercadoria ainda não chegou?
Não sei por que (razão) ele faltou, hoje.
Explique por que razão você se atrasou.
Ele se atrasou porque o trânsito estava congestionado.

5.4.10

Vendeu "duzentas" gramas

Grama, com sentido de peso, é palavra masculina:

Exemplos:

Pediu duzentos gramas de mortadela.

A seguir, serão apresentados exercícios sobre o tema estudado, que estarão organizados em múltipla escolha e em respostas dissertativas. Essas atividades estão associadas à proposta de verificação do aprendizado e compreensão dos conceitos teóricos desenvolvidos ao longo do capítulo.

Exercícios

1 O uso da vírgula é obrigatório em alguns casos. Leia o trecho a seguir e escolha a alternativa que justifica o emprego obrigatório desse sinal de pontuação:

Senhores,

Este ano é fundamental para avançarmos no mercado latino-americano.

a Separar o verbo dos seus complementos.

b Separar o aposto.

c Separar o vocativo.

d Separar o adjunto adnominal do nome.

e Separar o nome do seu complemento.

2 O emprego da vírgula é proibido em diferentes casos. Leia o trecho a seguir e, posteriormente, escolha a alternativa que corresponde a esse uso:

A, Direção da nossa empresa abriu a oportunidade da criação de um plano de demissão voluntária para sua reestruturação.

a Separar o sujeito do predicado.

b Separar o nome do seu complemento.

c Separar o vocativo.

d Separar o verbo dos seus complementos.

e Separar o adjunto adnominal do nome.

3 Segundo os nossos estudos, o sinal de ponto e vírgula apresenta a seguinte definição:

a É empregado para introduzir uma citação ou enumeração em um texto.

b Define uma melhor organização dos períodos em casos específicos.

c É um elemento acessório que deverá ser usado com sabedoria pelo autor.

d Caracteriza-se por um estado definitivo entre o emprego da vírgula e do ponto.

e Caracteriza-se por um estado intermediário entre o emprego da vírgula e do ponto.

4 No exemplo a seguir, qual regra justifica o uso dos dois-pontos?

Durante a reunião dos executivos de todas as filiais, nossa gerente disse: "Estou muito orgulhosa por representar nossa empresa neste encontro".

a Introdução de uma enumeração.

b Introdução de uma citação.

c Apresentação de um exemplo.

d Apresentação de uma explicação.

e Apresentação de um personagem.

5 O uso da ênclise é obrigatório em diferentes casos específicos. No exemplo a seguir, qual das regras garante esse uso?

Deve-se *ficar atento às inovações tecnológicas para que sejam aproveitadas como ferramentas no desenvolvimento das empresas.*

a Em frases com preposição *em* somada ao verbo no gerúndio.

b Quando houver palavra atrativa.

c Para indefinição do sujeito.

d Sempre que o verbo iniciar a oração.

e Em frases com preposição somada ao infinitivo flexionado.

6 Segundo nossos estudos, quais são as vozes do verbo?

7 Escreva um exemplo empregando a voz ativa. A seguir, aponte o que se quis destacar.

8 No trecho a seguir, o verbo grifado não está flexionado. Qual a regra empregada e o que justifica esse uso?

Durante a nossa última reunião, <u>houve</u> muitas perguntas a respeito do novo produto que será lançado no próximo ano.

9 Quando se deve escrever ***por que*** e ***porque***? Dê um exemplo para cada caso.

10 Segundo os nossos estudos, deve-se escrever "Há dez anos" ou "Dez anos atrás", e nunca "Há dez anos atrás". Qual a regra que justifica o uso de um ou de outro termo?

6

O conceito e a superestrutura de alguns textos administrativos e empresariais_

Neste capítulo, serão apresentados alguns modelos de textos administrativos e empresariais que têm seus conceitos embasados em estudos desenvolvidos por reconhecidos autores da área, como Gold (2005), Medeiros (1998) e Rodriguez (2005).

As suas análises terão como fundamento pesquisas realizadas por Marquesi, Cintra e Fonseca (1992), cuja preocupação é mostrar que os textos empresariais apresentam, basicamente, duas organizações em sua estrutura: macro e microestrutural.

Entende-se como *macroestrutural* uma organização geral, externa, que se repete nesse gênero textual, constituindo-se em uma espécie de modelo. É composto de abertura, informes e encerramento. A microestrutural está no âmbito interno do texto, que não será o foco neste estudo.

Os textos a seguir estão organizados da seguinte maneira: nome do documento em ordem alfabética, conceito e análise da superestrutura contextualizada a um exemplo.

6.1
Ata

6.1.1
Conceito

Define-se o documento **ata** como um registro em que se relata, de forma detalhada, o que se passou em uma reunião, assembleia ou convenção. Existem diferentes tipos de atas para diferentes eventos, como: assembleia geral extraordinária, assembleia geral ordinária, reunião de condomínio, entre outras.

Uma de suas características é a **assinatura** desse documento pelos participantes da reunião. Em alguns casos específicos, de acordo com o estatuto da empresa, a assinatura é realizada pelo presidente ou secretário. Para a lavratura da ata (redação), o redator deverá obedecer aos seguintes critérios:

— A ata deverá ser feita em livro próprio ou em folhas avulsas e redigida de modo a serem evitadas modificações em seu texto.

6 O conceito e a superestrutura de alguns textos administrativos e empresariais

- O texto deverá ser sintético, priorizando a objetividade e mantendo a fidelidade aos fatos discutidos.
- O texto deverá ser digitado, datilografado ou, ainda, manuscrito, porém sem qualquer rasura.
- O texto será compacto, de preferência sem parágrafos ou com parágrafos numerados, porém não deverá fazer uso de alíneas.
- Quando ocorrerem erros identificados no momento da redação, deverá ser empregada a expressão corretiva *digo*. Por exemplo: "Após a fala do Diretor, o senhor José Eduardo, *digo*, João Eduardo, pediu a palavra...".
- Quando o erro for observado após a redação final, é possível o emprego da expressão *em tempo*, que deverá ser inserida após o final do texto. A esse texto, com essa ressalva, dá-se o nome de *texto emendado*. Por exemplo: "*Em tempo*: na linha onde se lê *bote*, leia-se *lote*".
- Os números deverão ser grafados por extenso.
- Existem atas que têm o seu texto padronizado, pois se referem à rotina administrativa da empresa.
- A ata deverá ser redigida por um secretário. Se ele estiver ausente, outro deverá ser nomeado. Este é conhecido como *ad doc*.

6.1.2

Superestrutura

Abertura (modelo simples)

Identificação do documento.

ATA DE REUNIÃO DE DIRETORIA

Informes

- Dia, ano, hora, mês e local da reunião.
- Relação e identificação das pessoas presentes.
- Identificação do presidente e do secretário.
- Ordem do dia ou pauta.

Aos sete dias do mês de janeiro de 2012, às 15 horas, na sede da Avenida da Liberdade, n. 300, São Paulo, Capital, reuniu-se a Diretoria da Indústria e Comércio Novo Horizonte S.A., estando presentes todos os seus membros, conforme infra-assinados, sob a presidência do Sr. Antonio dos Anjos, que convidou a mim, Joaquim de Sousa, para secretário.

Assim reunidos, os Senhores Diretores, depois de comentarem os relatórios da Consultoria Fartura sobre a necessidade de melhorias no Atendimento ao Cliente, deliberaram sobre a liberação de verbas para o treinamento da qualidade profissional daquele setor. Ficou resolvido, também, que cada um dos Diretores organizará uma planilha com a previsão orçamentária sob sua responsabilidade, assim como um treinamento específico para os gerentes dos setores envolvidos. O assunto continuará a ser discutido na próxima reunião semanal de Diretores.

6 O conceito e a superestrutura de alguns textos administrativos e empresariais

Encerramento
- Fecho formal.
- Local, dia, mês e ano.

> Nada mais havendo a tratar, foi encerrada a reunião, lavrando-se a presente Ata, que, lida e achada conforme, será assinada por todos os presentes. São Paulo, 07 de janeiro de 2012.

6.2
Atestado

6.2.1
Conceito

O **atestado** é definido como um documento assinado por uma autoridade em favor de alguém ou, também, em favor de um fato de que se tenha conhecimento. É um documento oficial que certifica, afirma, demonstrando o que é de interesse de alguém. Esse gênero documental está muito presente no cotidiano das pessoas, apresentando diferentes formatos. Neste estudo, usaremos como modelo o atestado médico, porém deve-se observar que há vários modelos de atestados para diferentes finalidades.

6.2.2

Superestrutura

Abertura

- Denominação da clínica.
- Endereço completo.
- Bairro, município, estado.
- Telefone.
- Endereço eletrônico (*e-mail*).

> CLÍNICA SALVADOR
>
> Rua das Vertentes, 58, sala 08, Aclimação,
> São Paulo, Capital
> (11) 3456-0000
> clinicasalvador@salvador.com.br

Informes

- Nome do documento.
- Texto justificando o motivo do pedido de atestado.
- Identificação do solicitante: nome, documento de identidade.
- Horário.

> ATESTADO
>
> Atesto para os devidos fins, a pedido do interessado, que a Sra. Geralda da Costa, portadora do RG n. 14.557.555-x- SSP (SP), foi

> submetida a exame médico, nesta data, no horário das 11h00min às 12h00min.

Encerramento
- Local, dia, mês e ano.
- Assinatura do médico responsável.
- Nome completo.
- CRM.
- CPF.

São Paulo, 20 de fevereiro de 2011.

_____.

Dr. Pedroso Horta
CRM XXXX
CPF XXXX

6.3

Aviso

6.3.1

Conceito

Define-se *aviso* como um comunicado formal que tem o objetivo de informar algo de maneira rápida e objetiva, podendo prevenir, noticiar, ordenar e cientificar.

Caracteriza-se como um texto prático, muito utilizado no dia a dia, e que serve para diferentes finalidades. Deve-se observar que há diferenças entre os avisos redigidos na administração pública e na privada. A seguir, são apresentados dois exemplos, um para cada tipo de administração.

6.3.2
Superestrutura: iniciativa privada

Aviso geral

Abertura
— Nome do documento.

> AVISO GERAL

Informes
— Motivo das mensagens.

> O Departamento de RH informa que todos os funcionários deverão enviar, até o próximo dia 15, as carteiras de trabalho para serem atualizadas.

Encerramento
— Não há obrigatoriedade de identificação do remetente nesse documento.

6

O conceito e a superestrutura de alguns textos administrativos e empresariais

6.3.3

Superestrutura: Administração Pública

Aviso de edital

Abertura
— Identificação da unidade federativa.
— Órgão.
— Especificidade do aviso e número.

> ESTADO DE SÃO PAULO
>
> CÂMARA DE VEREADORES DE CAPIVARI
>
> AVISO DE EDITAL DE CONCURSO PÚBLICO
> Nº. 01/2011

Informes
— Motivação da mensagem.

> JOSÉ MACHADO DA SILVA, PRESIDENTE DA CÂMARA MUNICIPAL DE VEREADORES DE CAPIVARI, no uso de suas atribuições legais, torna público que a Câmara Municipal de Vereadores deste município realizará o Concurso Público nº 01/2011, com vistas ao preenchimento de cargos para as seguintes funções: Advogado, Assistente Legislativo, Agente Administrativo, Auxiliar Financeiro, Agente

Patrimonial, Recepcionista, Telefonista, Zelador e Agente ou Auxiliar de Copa. As inscrições deverão ser efetuadas na Câmara Municipal de Vereadores de Capivari, sita a Avenida General Mendonça Lima, 400, Centro, em Capivari de Baixo – SP, no período compreendido entre os dias 18 (dezoito) de novembro de 2011 até 09 (nove) de dezembro de 2011, no horário das 13h00min (treze horas) às 18h00min (dezoito horas). As provas serão realizadas nas dependências da Escola Municipal Anselmo Duarte, situada à Rua Carlos Chagas, 700, em Capivari – SP; tendo início às 09h00min (nove horas) e término às 12h00min (doze horas) do dia 18 (dezoito) de dezembro de 2011. A íntegra do presente Edital está à disposição dos interessados no Mural Público Municipal da Câmara Municipal de Vereadores de Capivari de Baixo e no *site* <http://www.camaracapivari.sp.gov.br> a partir do dia 14 de novembro de 2011.

Encerramento

— Data, local e ano.
— Identificação do autor.
— Cargo.

Capivari, 18 de novembro de 2011.
José Machado da Silva
Presidente da Câmara Municipal de Vereadores

6.4
Bilhete

6.4.1
Conceito

Caracteriza-se pela informalidade e clareza da mensagem. Hoje, com o avanço tecnológico, o **bilhete** foi substituído, em muitos casos, pelo correio eletrônico. Observa-se que é importante o bom senso em relação ao nível de linguagem empregado e aos aspectos gramaticais.

6.4.2
Superestrutura

Abertura
— Vocativo.

> Sueli,

Informes
— Assunto a ser apresentado.

> Necessito que me envie os relatórios que deixei em sua mesa.

Encerramento
- Agradecimentos.
- Identificação do autor, local e data.

Obrigada,
Sandra

6.5
Circular

6.5.1
Conceito

Define-se **circular** como um ato comunicativo dirigido para várias pessoas de uma empresa privada ou pública (nesse caso, ofício-circular). Tem como objetivo principal transmitir avisos, ordens ou instruções e, por essa razão, apresenta, na maioria das vezes, um assunto de interesse geral.

Por exemplo: ao redigir uma carta-circular, a intencionalidade empregada pelo autor deverá influenciar o leitor, levando-o a acreditar que o texto foi escrito para ele.

6.5.2

Superestrutura

Abertura
- Local, dia, mês e ano.
- Nome da empresa.
- Número e ano da carta circular.
- Assunto.

> São Paulo, 04 de agosto de 2011.
> REDEX DO BRASIL S.A.
> Carta Circular n. 04/2011
>
> Assunto: Obras para reforma estrutural no estacionamento.

Informes
- Assunto a ser compartilhado.

> Entre os dias 10 e 12, o estacionamento central da empresa passará por obras para reforma estrutural, de modo a melhorar o serviço prestado aos nossos funcionários e colaboradores. Durante esse período, o local permanecerá interditado, sendo liberado o uso do pátio dos fundos para a guarda dos veículos.

Encerramento
— Agradecimentos.
— Nome do autor.
— Cargo.

Atenciosamente,
João dos Santos
Gerente Administrativo

6.6
Convocação

6.6.1
Conceito

Define-se *convocação* como um ato comunicacional com a finalidade de chamar alguém para uma reunião ou evento que poderá ou não ter caráter obrigatório. Na maioria das vezes, a convocação é realizada por meio da redação de um documento.

Deverá apresentar uma linguagem objetiva e clara, especificando o local, a data e a finalidade.

6

O conceito e a superestrutura
de alguns textos administrativos
e empresariais

6.6.2

Superestrutura

Abertura
- Nome da empresa.
- CNPJ.
- Motivo do chamado.
- Nome do documento.

> MOBEL – EXPORTAÇÃO S.A.
>
> CNPJ: XXXX-XX
>
> ASSEMBLEIA GERAL EXTRAORDINÁRIA
>
> CONVOCAÇÃO

Informes
- Identificação dos convocados.
- Motivação do chamado.

> Estão convocados os Srs. Acionistas a participarem da assembleia geral extraordinária a ser realizada às 14 horas do dia 20 de junho de 2011, na sede social localizada à Rua das Amendoeiras, n. 90, nesta Capital, com a finalidade de serem deliberados os seguintes pontos:

1º Alteração no art. 10 do estatuto social para a extinção de um dos cargos no Conselho Administrativo;

2º Eleição da Nova Presidência.

Encerramento
— Local, dia, mês e ano.
— Identificação e cargo do autor.

Rio de Janeiro, 20 de maio de 2011.
Sandro de Avelino
Presidente do Conselho de Administração

6.7
Declaração

6.7.1
Conceito

Define-se *declaração* como uma prova escrita que poderá ser organizada em forma de documento, depoimento ou explicação. Nela se identificam opinião, conceito, resolução ou observação.

A seguir, um exemplo de declaração de furto de documentos pessoais, que será analisada tendo-se por base a teoria da superestrutura textual.

6

O conceito e a superestrutura
de alguns textos administrativos
e empresariais

6.7.2

Superestrutura

Abertura

— Nome do documento.

> DECLARAÇÃO

Informes

— Identificação do declarante.
— Motivo da declaração.

> Eu, João Batista dos Santos, declaro para os devidos fins que me foram subtraídos, em 07/09/2011, RG XXX-XX, CPF XXX-XX, CNH XXX-XX, CTPS XXX-XX, cartões American Express XXX-XX e Credicard XXX-XX, além dos talões de cheques do Banco XY, Agência XXXX-X. Comunico que não me responsabilizo por cheques emitidos e pelo mau uso dos documentos. Fato registrado em Boletim de Ocorrência, n. 0000, no mesmo dia.

Encerramento
— Local e data.
— Assinatura do declarante.

São Paulo, 15 de setembro de 2011.

_____

6.8

Procuração

6.8.1

Conceito

Define-se *procuração* como um documento em que uma pessoa delega poderes a outra para agir ou tratar em seu nome. Esse documento poderá ser judicial ou extrajudicial, sendo o primeiro válido somente para advogados.

6.8.2 Superestrutura

Abertura
- Nome do documento.

PROCURAÇÃO

Informes
- Identificação do outorgante.
- Identificação do outorgado.
- Mensagem específica, delegando poderes.

Sandro Veloso, brasileiro, casado, gerente administrativo, residente na Rua das Primaveras, 74, São Paulo, São Paulo, portador do RG n. XXXXXX-X, CPF n. XXXXXXXXX-XX, pelo presente instrumento de procuração constitui e nomeia seu bastante procurador José da Silva, brasileiro, casado, vendedor autônomo, residente na Rua Minas Gerais, 50, São Paulo, São Paulo, portador do RG n. XXXXXX-X, CPF n. XXXXXXXXX-XX, para representá-lo na aquisição de equipamentos de informática, assinatura de contrato e respectivo carnê de pagamento, realizando todos os atos necessários a esse fim, dando por firme e valioso, a bem deste mandato.

Encerramento
- Local, dia, mês e ano.
- Assinatura com firma reconhecida.

São Paulo, 02 de março de 2011.

6.9
Recibo

6.9.1
Conceito

O recibo é um documento comprobatório do recebimento de algo ou de algum valor monetário. No texto da mensagem, os valores poderão ser expressos em numerais e, entre parênteses, descritos por extenso.

6.9.2
Superestrutura

Abertura
- Nome do documento.

RECIBO

6

O conceito e a superestrutura de alguns textos administrativos e empresariais

Informes
— Motivação da mensagem.

Recebi da empresa REAL TRANSPORTADORA a quantia de R$ 300,00 (trezentos reais) referentes a serviços prestados.

Encerramento
— Local, dia, mês e ano.
— Identificação do autor.

São Paulo, 30 de outubro de 2011.

6.10

Requerimento

6.10.1

Conceito

O requerimento é o documento no qual se solicita algo para uma autoridade. É comum que esse instrumento apresente uma citação de texto legal que embase o pedido.

6.10.2

Superestrutura

Abertura
— Destinatário.

Senhor Diretor do Centro de Estudos Vocação

Informes
— Motivação da mensagem.

Sandro Veloso, aluno dessa instituição, matriculado no segundo semestre de 2011, vem requerer o certificado de participação no II Seminário de Estudos Avançados.

Encerramento
— Fecho sem abreviatura.
— Local, dia, mês e ano.
— Assinatura.

Nestes Termos,
Pede Deferimento
São Paulo, 04 de outubro de 2011.

Exercícios

1. Segundo o que foi estudado neste capítulo, qual é o conceito de ata?

2. "_____ é definido como um documento assinado por uma autoridade em favor de alguém ou, também, em favor de um fato de que se tenha conhecimento".

   A que se refere a definição anterior?
   a. Ofício.
   b. Ata.
   c. Atestado.
   d. Aviso.
   e. Requerimento.

3. No texto do atestado, aparece a sigla CRM. Ela significa:

   a. Cadastro Regional de Medicina.
   b. Cadastro Regional de Médicos.
   c. Conselho Regional de Médicos.
   d. Conselho Regional de Medicina.
   e. Cadastro Regional Medicinal.

4. O aviso apresenta características próprias. Entre elas, destaca-se a sua praticidade. Disserte um pouco a esse respeito.

5. Uma das características do bilhete é o uso do vocativo. Escreva um bilhete para um amigo destacando esse recurso.

6. Qual é o principal objetivo de uma carta circular?

7 A convocação define-se como um ato comunicacional com a finalidade de chamar alguém para uma reunião ou evento:

a obrigatório.

b não obrigatório.

c opcional.

d alternativo.

e Estão corretas as alternativas a e b.

8 Define-se _____ como uma prova escrita que poderá ser organizada em forma de documento, depoimento ou explicação.
O documento definido anteriormente é o(a):

a ata.

b ofício.

c aviso.

d declaração.

e requerimento.

9 Disserte sobre a procuração e suas principais características.

10 Documento comprobatório do recebimento de algo ou de algum valor monetário. Essa definição está relacionada a qual documento?

a Nota fiscal.

b Recibo.

c Declaração.

d Requerimento.

e Procuração.

_Considerações finais

Após a leitura deste livro, espera-se instrumentalizar o leitor para o manuseio das ferramentas adequadas no momento de redigir textos empresariais e administrativos de forma eficaz, colocando em prática os conceitos desenvolvidos. Para isso, é fundamental que teoria e prática estejam em consonância, refletindo a necessidade de um mercado que está em constante transformação.

Esse novo contexto, marcado pelo desenvolvimento tecnológico e pelos novos meios de comunicação empresarial, exige a organização de textos com uma linguagem clara, objetiva e eficaz.

Isso será fator decisivo para facilitar a comunicação empresarial, garantindo sucesso no fechamento de negócios e no agendamento de reuniões e agilidade nos processos comunicacionais de forma geral. Além disso, textos claros e objetivos facilitam a interação da empresa com o ambiente interno e externo, seja por meio das redes sociais, seja nos processos de comunicação direta com seus clientes e fornecedores no ambiente virtual.

Porém, é preciso ressaltar que, além de identificar a importância das novas ferramentas virtuais, caberá ao autor, ou redator do texto, a responsabilidade de (re)conhecer as necessidades do seu leitor e saber as melhores estratégias para atingi-lo.

Portanto, torna-se fundamental planejar o texto e ter domínio da teoria sobre a estrutura e a organização das informações. Também é necessário que o redator saiba aplicar as regras básicas da norma culta e como esse conhecimento será revertido em benefício prático para sua empresa.

_Referências

ARAÚJO, A. D. Práticas discursivas em conclusões de teses de doutorado. **Revista Linguagem em (Dis)curso**. v. 6, n. 3, set./dez. 2006. Disponível em: <http://www3.unisul.br/paginas/ensino/pos/linguagem/0603/05.htm>. Acesso em: 30 abr. 2012.

BAKHTIN, M. **Estética da criação verbal**. São Paulo: M. Fontes, 2003.

CEGALLA, D. P. **Novíssima gramática da língua portuguesa**. 14. ed. **São Paulo**: Nacional, 1976.

CUNHA, C.; CINTRA, L. **Nova gramática do português contemporâneo**. 2. ed. Rio de Janeiro: Nova Fronteira, 1985.

DUCROT, O.; SCHAEFFER, J-M. **Nouveau dictionnaire encyclopedique des sciences du langage**. Paris: Editions du Seuil, 1995.

GOLD, M. **Redação empresarial**: escrevendo com sucesso na era da globalização. São Paulo: Pearson, 2005.

KOCH, I.; TRAVAGLIA, L. C. **Texto e coerência**. 10. ed. São Paulo: Cortez, 2005.

LEME, O. S. **Tirando dúvidas de português**. 3. ed. São Paulo: Ática, 2000.

MARQUESI, S. C.; CINTRA, A. M. M.; FONSECA, J. I. **Português instrumental**: área de ciências contábeis. São Paulo: Atlas, 1992. v. 1.

MARTINS, E. **Manual de redação e estilo**. 3. ed. São Paulo: O Estado de São Paulo, 1997.

MEDEIROS, J. B. **Redação empresarial**. 3. ed. São Paulo: Atlas, 1998.

MENDES, G. F.; FORSTER JÚNIOR, N. J. **Manual de redação da Presidência da República**. Brasília: Presidência da República, 2002. Disponível em: <http://www.planalto.gov.br/ccivil_03/manual/manual.htm>. Acesso em: 9 maio 2012.

NICÉSIO, G. A. de L. A estrutura textual. **Anuário da Produção Acadêmica Docente**, v. 3, n. 6, p. 1-16, 2009.

PIMENTA, M. A. **Comunicação empresarial**. 5. ed. São Paulo: Alínea, 2006.

RODRIGUEZ, M. M. **Manual de modelos de cartas comerciais**. 9. ed. São Paulo: Atlas, 2005.

SIQUEIRA, J. H. S. de. **O texto**: movimentos de leitura, táticas de produção, critérios de avaliação. São Paulo: Selinunte, 1990. (Coleção Processos Expressivos da Linguagem).

SILVA, S. C. P. **Leitura, subjetividade e criação de sentido**. Dissertação (Mestrado em Língua Portuguesa) – Pontifícia Universidade Católica de São Paulo, São Paulo, 1996.

TERRA, C. F. **Blogs corporativos**: modismo ou tendência? São Caetano do Sul: Difusão, 2008.

VILLELA, A. M. N.; NASCIMENTO, M. de. **Pontuação e interação**. 157 f. Dissertação (Mestrado em Educação) – Pontifícia Universidade Católica de Minas Gerais, Belo Horizonte, 1998.

_Exercícios comentados

Esta sessão tem como objetivo principal criar referências temáticas ao apresentar soluções, as quais não são modelos para serem seguidos à risca, mas sim proposições com unidade e sentido.

Em outras palavras, ao contrário do que corriqueiramente se encontra em livros dessa natureza, não serão exigidas respostas mecanizadas como critério de avaliação da aprendizagem, porém deverão ser consideradas as respostas que tenham pontos comuns com os comentários aqui apresentados. É importante salientar que, dependendo da natureza da pergunta, esta permitirá respostas mais ou menos abertas, cabendo ao professor usar esse critério como parâmetro no momento de corrigir e comentar as questões com seus alunos.

Sabe-se que cada ser humano é único. Sendo assim, o conhecimento prévio torna-se fundamental na sua ótica singular de interpretar o mundo onde vivemos, com base na visão do outro. Nesse sentido, leitura e escrita desenham-se como lugar de interação em que autor e leitor se constroem dialogicamente, conforme afirma Bakhtin (2003).

Capítulo 1

1   Neste exercício, espera-se que o leitor, ao responder, possa identificar as suas necessidades, criando condições para refletir a respeito do seu processo de construção textual, a fim de melhorar e aperfeiçoar o seu texto.

2   É importante perceber que, a partir dos anos 1970, o mercado ganhou um novo impulso, tornando-se mais competitivo; cada empresa precisaria criar estratégias para garantir sua sobrevivência.

3   Define-se um texto eficaz como aquele que consegue atingir o seu público, ou seja, a sua mensagem é lida e interpretada, obtendo-se o *feedback* esperado.

4   A mudança ocorrida com o aumento da competição no mercado afetou diretamente a maneira de as empresas se comunicarem, acarretando na necessidade de se criar uma linguagem empresarial ágil e objetiva.

5   Historicamente, o rebuscamento que caracterizava a linguagem empresarial estava associado à ideia de destaque social (*status*), pois se acreditava que, quanto mais prolixo fosse o texto, mais culto seria o seu autor.

6 Entende-se *verbosidade* como o uso excessivo de formalismo, que compromete a objetividade da linguagem e, consequentemente, a eficácia do texto.

7 Na verdade, define-se *chavões* como palavras e expressões ultrapassadas e vazias de significados, empregadas em textos empresariais com a finalidade de adorno.

8 A tautologia é conhecida também como *redundância*, a qual se resume ao uso de palavras diferentes repetidamente para passar a mesma ideia. Revela pobreza vocabular e desconhecimento linguístico.

9 Entende-se *coloquialismo* como o uso de palavras e expressões do dia a dia. Por isso, pode-se dizer que está associado ao nível de linguagem informal ou popular.

10 Espera-se que, ao responder esta questão, o leitor identifique palavras e expressões que tornam a linguagem excessivamente formal, comprometendo a objetividade da mensagem e, consequentemente, a eficácia do texto. Por exemplo: o uso da mesóclise: *tornar-se-á*; palavras não compatíveis com a moderna linguagem empresarial: *redesignação* e *propícia*; o uso de pronome de tratamento excessivamente formal e, portanto, inadequado.

Capítulo 2

1 De acordo com a leitura do capítulo, espera-se que o leitor identifique que a primeira técnica está relacionada com a fixação do objetivo, e a segunda, com a identificação do tópico frasal.

2   Define-se *tópico frasal* como a ideia-núcleo, ou seja, a ideia mais importante do parágrafo que norteará toda a sua organização interna. Geralmente, o tópico frasal está localizado no início do parágrafo e a ele somam-se as ideias secundárias.

3   Espera-se que o leitor reflita sobre a intenção do autor e a quantidade de informações no parágrafo e as relacione.

4   É importante estabelecer a relação entre a extensão do parágrafo e a quantidade de informações destinada para um determinado perfil de leitor.

— **Parágrafo curto:** Caracteriza textos com poucas informações, redigidos para leitores que não têm a intenção de se aprofundar no assunto.

— **Parágrafo médio:** Caracteriza textos como os de revistas e livros didáticos, redigidos para leitores medianos, que necessitam de um pouco mais de informação.

— **Parágrafo longo:** Caracteriza, por exemplo, obras científicas e acadêmicas, pensadas para um leitor específico, que necessita de muita informação.

5   Durante a leitura do parágrafo, é possível identificar que o tópico frasal "O relatório foi aprovado" é a ideia principal e, com base nela, as ideias secundárias vão se somando. Observa-se que a conjunção adversativa *mas* liga o tópico à ideia secundária de que serão necessários ajustes para que o documento seja encaminhado. O restante do parágrafo desenvolve-se com base nessa ideia secundária.

6   Pode-se dizer que a eficácia está relacionada diretamente com a objetividade, porque quanto mais clara e enxuta for a mensagem, mais facilmente o leitor identificará a ideia principal.

7   Lendo-se o texto com atenção, é possível observar o excesso de informações. Espera-se que isso leve o leitor a se perguntar: Por que tanta informação desnecessária?

Essas informações desnecessárias, por exemplo, poderão ser observadas no primeiro parágrafo, quando o texto se inicia dizendo que é do conhecimento do leitor o segmento de atuação da empresa e, mesmo assim, faz uma breve narrativa sobre isso. Outro ponto que poderá ser destacado diz respeito ao fato de que, no segundo parágrafo, há insistência em dizer que o objetivo da empresa é oferecer um serviço de qualidade.

O mais importante, no momento de responder a essa questão, é identificar quais as redundâncias e informações desnecessárias para, por meio dessa leitura crítica, redigir um texto mais objetivo, empregando o enxugamento ou a concisão.

8   Levando-se em consideração que escrever com concisão é passar um grande volume de informações por meio de poucas palavras ou expressões, espera-se que o leitor consiga substituir palavras ou expressões extensas por outras mais enxutas, que levarão a uma redução do texto.

9   As técnicas de redução têm como finalidade principal orientar o emprego de um suporte que contribua para a redação de um texto mais objetivo e, consequentemente,

eficaz. Isso, certamente, agilizará a comunicação escrita na empresa.

10 Levando-se em conta que o contexto é muito importante no momento da redação de um texto, a expressão "Que se esclareçam" poderá ser substituída por sua forma reduzida: "esclarecer". Essa estratégia, além de limpar o texto dos excessos de *"quês"*, tornará a mensagem mais objetiva.

Capítulo 3

1 Ao estabelecer critérios para redigir, o autor está planejando o texto. Esse planejamento contribuirá para a eficácia da mensagem, tornando-a mais adequada ao contexto em que será produzida.

2 Os critérios estabelecidos foram:
— Para quem escrever.
— O que escrever.
— O quanto escrever.
— Como escrever.
— Onde escrever.

3 De acordo com o conteúdo apresentado, os critérios têm a função de servir como norteadores, ou seja, referências. No entanto, caberá ao autor adequá-los às suas necessidades no momento de redigir seu texto.

4 Define-se como *saber partilhado* a informação que é de conhecimento tanto do autor quanto do leitor.

5 Define-se como *informação nova* o conhecimento que é apenas do autor, sendo, portanto, desconhecido para o leitor.

6   A comparação entre os dois textos revela que são mensagens criadas para públicos leitores distintos, com objetivos diferentes. Espera-se que o leitor perceba essa diferença, ao ler as análises realizadas, por meio da quantidade de informações novas apresentadas em cada um dos textos. O Texto 1 apresenta pouca informação nova, porque objetiva alertar o motorista (leitor) sobre a distância do próximo pedágio. O Texto 2 apresenta mais informações novas, pois seu objetivo é passar uma opinião sobre o tema tratado.

7   Certamente, para organizar um texto empresarial, é preciso também planejamento. Levando-se em conta a flexibilização dos critérios apresentados, o autor do texto deverá ficar atento ao contexto e à eficácia da sua mensagem, pois dela dependerá a tomada de decisões no âmbito administrativo da empresa.

8   Define-se *contexto* como a situação comunicacional que envolve o ato comunicativo e o origina.

9   Espera-se que o leitor identifique a relação entre a informação nova e o saber partilhado. Portanto, a informação nova é suficiente para se compreender a mensagem, pois o leitor possui o conhecimento prévio do assunto.

No texto apresentado, a análise revela o seguinte:

O saber partilhado: Existe um contrato de prestação de serviços da Imobiliária Bom Tempo para o escritório Santiago e Sousa – Advogados Associados.

A informação nova: O término do prazo de contratação e a proposta para a renovação desse mesmo contrato.

10

1 O contexto está relacionado com o convite para a comemoração do 20º aniversário da Fundação "Crescer".

2

— Autor: A Diretoria.
— Para quem escrever: Associados.
— O que escrever: Convite para evento do 20º Aniversário.
— O quanto escrever: O suficiente para informar o leitor sobre o motivo do convite, dia, horário e local do evento.
— Como escrever: Foi empregado um nível formal de linguagem, porém sem excessos.
— Onde publicar: Carta convite impressa.

3

Saber partilhado: Projeto Crescer.
Informação nova: Comemoração do 20º Aniversário na sede social, a se realizar no dia 02 de outubro a partir das 9h00.

Capítulo 4

1 Todo texto é redigido com uma determinada intenção, ou seja, é organizado objetivando uma determinada finalidade a ser alcançada.

2 Levando-se em conta que linguagem formal não é uma linguagem rebuscada, marcada por excessos linguísticos e, portanto, desnecessários, justifica-se o emprego de uma linguagem formal na construção de textos empresariais, pois o contexto exige o uso correto das normas gramaticais e, portanto, a formalização da linguagem.

3 Entende-se por *coerência* a relação lógica entre as ideias criadas na elaboração de mensagens faladas ou escritas. O conceito de coerência está ligado diretamente à construção de sentido.

4 Primeira: Como leitores, poderemos não dominar o assunto proposto pelo autor.

Segunda: O texto pode estar mal redigido e a falta de coerência na sua estruturação comprometerá o entendimento do todo. Em outras palavras: o texto poderá apresentar aquilo que chamaremos de *"buracos" textuais*. Esses "buracos" representam, metaforicamente, a falta de relação entre as ideias, o que dificulta o entendimento do leitor. Portanto, em determinados momentos da leitura, haverá a perda do "fio temático".

5 O conhecimento de mundo entre autor e leitor criará uma referência comum entre ambos. Escrever envolve uma complexa teia de ideias que se organizam de acordo com aquilo que o autor quer passar para o seu leitor específico. Portanto, o moderno texto empresarial deve ser redigido de acordo com os conhecimentos de mundo pertinentes tanto ao autor quanto ao leitor para que seja entendido.

6   **Abertura**: Local, data e saudação inicial.

Informes: Compõem o corpo do texto, ou seja, a mensagem propriamente dita que o autor quer passar para o leitor.

Encerramento: Saudação final e identificação do autor.

7   **Carta comercial**: É um documento que não pressupõe distinções hierárquicas e revela diferentes graus de formalismo.

Ofício: Esse gênero textual está relacionado com a autoridade pública administrativa e pressupõe hierarquia.

Memorando: Correspondência simplificada entre departamentos de uma mesma empresa.

8   Ao responder esta questão, espera-se que o leitor crie o seu próprio texto. A seguir, será copiado para exemplificação o texto estudado no capítulo.

Abertura

São Paulo, 14 de janeiro de 2012.
Ilmos. Srs.
Diretores do BANCO DO BRASIL

Avenida 07 de Setembro, 194
Centro – Cuiabá
At. Sr. José da Silva

       Ref.: ITR – Segundo Trimestre 2011

Prezados Senhores,

Informes

Até a presente data, não recebemos qualquer informação relacionada à ITR em epígrafe, cujo prazo de entrega à CVM – Comissão de Valores Mobiliários, acompanhado do Parecer dos Auditores Independentes, está previsto para 15 de maio próximo.

Tão logo esteja elaborada, comuniquem-nos com a máxima urgência, a fim de que possamos programar com antecedência a viagem de nossos auditores para seu exame.

Encerramento

Atenciosamente,
J. A.W
Auditores Independentes S/C.

9　Ao responder esta questão, espera-se que o leitor crie o seu próprio texto. A seguir, será copiado para exemplificação o texto estudado no capítulo.

Abertura

PREFEITURA DO MUNICÍPIO
DE INDAIATUBA
Ofício Fisc. n. 09/2011

Indaiatuba, 04 de abril de 2011.

Prezados Senhores,

Informes

Para atendimento ao que dispõe o artigo 15 do Decreto-Lei n. 9.295, de 27 de maio de 1946, solicitamos que nos sejam informados, no prazo de 15 (quinze) dias, os prestadores de serviço na área contábil, incluindo-se também os de Auditoria.

Observamos que o não atendimento ao solicitado poderá ensejar a autuação dessa empresa, com base na legislação mencionada.

Encerramento

Atenciosamente,
Antunes Marisiel Alcântara
Assessor Fiscal
À
J.A.S – Assessoria e Planejamento Ltda.
Rua Acre, n. 89
0000-000 – Indaiatuba-SP

10 Ao responder esta questão, espera-se que o leitor crie o seu próprio texto. A seguir, será copiado para exemplificação o texto estudado no capítulo.

Abertura

São Paulo, 04 de abril de 2011.   MI0001/2011

À Empresa de Transportes Coletivos PARATODOS

A/C
Sebastião Álvaro de Carvalho (Gerente Geral)
Prezado Senhor,

Informes

Conforme solicitação, anexamos o mapeamento oficial, autorizado pela Prefeitura de São Paulo, das novas linhas urbanas.

Encerramento

Atenciosamente,
Márcia Silva
Assessora

Capítulo 5

1   c

2   a

3 e

4 b

5 d

6 Voz ativa, voz passiva e voz reflexiva.

7 Exemplo: O relatório apontou falhas nas estratégias de vendas de algumas filiais da Região Nordeste.
A ênfase foi para a importância do teor das informações contidas no relatório.

8 O verbo *haver* com sentido de existência não é flexionado, tornando-se invariável.

9 Sempre que estiver clara ou implícita a palavra *razão*, deve-se usar *por que* (separado). *Porque* (junto) é usado sempre em respostas.
— Por que (razão) a mercadoria ainda não chegou?
— Não sei por que (razão) ele faltou hoje.
— Explique por que razão você se atrasou.
— Ele se atrasou porque o trânsito estava congestionado.

10 O uso do verbo *haver* e do advérbio *atrás* indicam passado. Por isso, não deverão ser empregados juntos.
— Há dez meses me aposentei.
— Dez meses atrás me aposentei.

Capítulo 6

1 Define-se como um registro em que se relata, de forma detalhada, o que se passou em uma reunião, assembleia ou convenção. Existem diferentes tipos de atas para

diferentes eventos, como: assembleia geral extraordinária, assembleia geral ordinária, reunião de condomínio, entre outras.

2 c

3 d

4 Espera-se que o aluno possa relacionar esse gênero textual com o uso no seu dia a dia, em diferentes situações de comunicação. Por exemplo: um aviso em casa para pessoas próximas, na escola para amigos, na empresa etc.

5 Espera-se que o aluno faça o emprego correto e consciente do vocativo. A atividade serve para checar se foi entendido o que é o vocativo e sua função.

6 Define-se como um ato comunicativo dirigido para várias pessoas de uma empresa privada ou pública (nesse caso, ofício-circular). Tem como objetivo principal transmitir avisos, ordens ou instruções e, por essa razão, apresenta, na maioria das vezes, um assunto de interesse geral.

7 e

8 d

9 Define-se como um documento em que uma pessoa delega poderes a outra para agir ou tratar em seu nome. Esse documento poderá ser judicial ou extrajudicial, sendo o primeiro válido somente para advogados.

10 b

_Sobre o autor

Saulo César Paulino e Silva é graduado em Letras (1992) pela Pontifícia Universidade Católica de São Paulo (PUC-SP), mestre em Língua Portuguesa (1996), com a dissertação "Leitura, subjetividade e criação de sentido", e doutor em Linguística Aplicada (2005), com a pesquisa "A construção das identidades sociais do aluno deficiente visual nas conversas sobre textos", pela mesma instituição. Atualmente, é professor da Faculdade Sumaré, onde ministra a disciplina de Educação Inclusiva e desenvolve projeto de iniciação científica com o tema "A inclusão de alunos com necessidades educacionais especiais no ensino superior, a percepção de suas identidades e os desafios para as universidades brasileiras", e da Universidade Gama Filho, onde ministra as disciplinas de Língua Portuguesa e Metodologia da Pesquisa, na modalidade a distância.

Os papéis utilizados neste livro, certificados por instituições ambientais competentes, são recicláveis, provenientes de fontes renováveis e, portanto, um meio **respons**ável e natural de informação e conhecimento.

Impressão: Reproset
Junho/2020